A ALMA DA MARIONETE

JOHN GRAY
A ALMA DA MARIONETE

tradução de
CLÓVIS MARQUES

1ª edição

EDITORA RECORD
RIO DE JANEIRO • SÃO PAULO
2018

CIP-BRASIL. CATALOGAÇÃO NA PUBLICAÇÃO
SINDICATO NACIONAL DOS EDITORES DE LIVROS, RJ

G82a

Gray, John
A alma da marionete: um breve ensaio sobre a liberdade humana / John Gray; tradução de Clóvis Marques. – 1ª ed. – Rio de Janeiro: Record, 2018.

Tradução de: The soul of the marionette
ISBN 978-85-01-11456-3

1. Liberdade – Filosofia. 2. Comportamento humano. I. Marques, Clóvis. II. Título.

18-48541

CDD: 123.5
CDU: 123.1

Meri Gleice Rodrigues de Souza – Bibliotecária CRB-7/6439

Copyright © John Gray, 2015

Título original em inglês: The soul of the marionette

Todos os direitos reservados. Proibida a reprodução, armazenamento ou transmissão de partes deste livro, através de quaisquer meios, sem prévia autorização por escrito.

Texto revisado segundo o novo Acordo Ortográfico da Língua Portuguesa.

Direitos exclusivos de publicação em língua portuguesa para o Brasil adquiridos pela
EDITORA RECORD LTDA.
Rua Argentina, 171 – 20921-380 – Rio de Janeiro, RJ – Tel.: (21) 2585-2000, que se reserva a propriedade literária desta tradução.

Impresso no Brasil

ISBN 978-85-01-11456-3

Seja um leitor preferencial Record.
Cadastre-se em www.record.com.br
e receba informações sobre nossos lançamentos e nossas promoções.

Atendimento e venda direta ao leitor:
mdireto@record.com.br ou (21) 2585-2002.

EDITORA AFILIADA

[...] a graça estará mais puramente presente na mentalidade humana que não possui consciência ou possui consciência infinita, o que significa uma marionete ou um deus.[1]

Heinrich von Kleist,
A propósito do teatro de marionetes

Quer dizer, afinal: você tem que considerar que somos feitos de pó.[2]

Philip K. Dick,
Os três estigmas de Palmer Eldritch

Sumário

1. **A fé dos fantoches** — 9

   A liberdade da marionete — A fé dos fantoches — A demiurgia e os manequins do alfaiate — Leopardi e a alma das máquinas — O retorno de Ligeia — O golem e as ruínas circulares — Solaris e nosso mundo — A revelação de Philip K. Dick — Entrando na Zona — O sr. Weston deixa cair um fósforo

2. **No teatro de marionetes** — 55

   Terraços ajardinados, penas e sacrifício humano — Espelhos escuros, anjos ocultos e uma roda de orações algorítmica — Redundância humana e a economia do ciborgue — Uma montanha de ferro e um espetáculo cambiante — Um pan-óptico universal — Teatro de fantoches, conspirações e tabuleiros ouija — Quando a máquina para

3. **Liberdade para as Über-marionetes** — 103

   O que a ciência não nos diz — Ética para fantoches — Gravidade e queda

   Agradecimentos — 117
   Notas — 119

1. A fé dos fantoches

Nos primeiros séculos de nossa era, os gnósticos se opunham aos cristãos. Foram aniquilados, mas podemos imaginar sua possível vitória.[1]

Jorge Luis Borges,
"Uma defesa de Basilides, o Falso"

A LIBERDADE DA MARIONETE

Um fantoche pode parecer a própria encarnação da falta de liberdade. Seja movido por uma mão oculta ou puxado por cordéis, não tem vontade própria. Seus movimentos são comandados pela vontade de outro — um ser humano que decidiu o que o fantoche fará. Totalmente controlado por uma mente fora dele, o fantoche não tem escolha em sua maneira de viver.

Seria uma situação insuportável, não fosse o fato de que um fantoche é um objeto inanimado. Para sentir falta de liberdade, é preciso ser um ser consciente. Mas um fantoche é um objeto de madeira e pano, um artefato humano sem sentimento nem consciência. Um fantoche não tem alma. Consequentemente, não tem como saber que não é livre.

Para Heinrich von Kleist, no entanto, os fantoches representavam um tipo de liberdade que jamais estaria ao alcance dos seres humanos. Em seu ensaio "O teatro de marionetes", publicado em 1810, o escritor alemão leva o narrador, perambulando por um parque da cidade, a encontrar "Herr C.", que acaba de ser nomeado primeiro bailarino da Ópera. Vendo-o em diversas oportunidades em um teatro de marionetes montado na praça do mercado, o narrador manifesta surpresa pelo fato de um dançarino frequentar essas "pequenas burletas".

Em resposta, Herr C. comenta que um dançarino pode ter muito a aprender com esses espetáculos. Pois tantas vezes não são os títeres — controlados do alto pelos titereiros — extremamente graciosos em seus movimentos de dança? Nenhum ser humano poderia se equiparar às marionetes em sua graça natural. O títere é:

> incapaz de *afetação*. — Pois a afetação ocorre, como se sabe, sempre que a alma [...] se situa em um lugar que não seja o centro de gravidade de um movimento. Como o titereiro, manuseando os cordéis ou o fio, não tem outro ponto de apoio senão o que está sob seu controle, todos os outros membros são o que devem ser: inertes, meros pêndulos, e apenas obedecem à lei da gravidade; um excelente atributo que em vão procuraremos na maioria de nossos dançarinos [...] esses fantoches têm a vantagem de ser *resistentes à gravidade*. Do peso da matéria, o fator que mais atua contra o dançarino, são totalmente ignorantes: pois a força que os eleva no ar é maior que a que os prende ao solo [...]. As marionetes mal *tocam* o solo, feito elfos, a parada momentânea confere aos membros um novo ímpeto; mas nós o usamos para *repousar*, para nos recuperar do esforço da dança: um momento que evidentemente não é dança em si mesmo, com o qual nada podemos fazer, exceto superá-lo o mais rapidamente possível.

Quando o narrador reage com espanto a essas afirmações paradoxais, Herr C., "cheirando uma pitada de rapé", observa que ele deveria ler "com atenção o terceiro capítulo do Gênesis". O narrador entende a alusão: ele tem "perfeita consciência dos danos causados pela consciência à natural graça de um ser humano". Mas ainda assim se mostra cético, e então Herr C. lhe conta a história de como enfrentou um urso. Bom esgrimista, ele seria capaz de trespassar com facilidade o coração de um ser humano; mas o animal se esquivava, aparentemente sem qualquer esforço:

Ora eu investia, ora simulava um ataque, já estava suando em bicas: tudo em vão! O urso não se limitava a se esquivar a todas as minhas investidas, como o melhor esgrimista do mundo; quando eu simulava um ataque — nenhum esgrimista seria capaz disso —, ele sequer reagia: olhando-me bem nos olhos, como se pudesse ver minha alma, ficava com a pata erguida, de prontidão, e, quando minhas investidas não eram sérias, ele nem se mexia.

Os seres humanos não são capazes de imitar a graça de um animal assim. Nem a fera, nem o fantoche, sofrem da maldição do pensamento autorreflexivo. Por isso, na visão de Kleist, é que são livres. Se os seres humanos um dia forem capazes de alcançar esse estado, será apenas depois de uma transmutação em que se tornem infinitamente mais conscientes:

> assim como duas linhas que se cruzam em um ponto, depois de terem passado por uma infinidade, subitamente convergem de novo do outro lado, ou como a imagem em um espelho côncavo, depois de viajar na direção do infinito, de repente se aproxima de novo de nós, também, quando a consciência tiver por assim dizer passado por uma infinidade, a graça retornará; de tal maneira que a graça estará mais puramente presente na forma humana que não tiver consciência ou a tiver em um alcance infinito, vale dizer, em uma marionete ou em um deus.

O diálogo é concluído dessa maneira:

> — Mas então — intervim, meio confuso — precisaríamos comer de novo da Árvore do Conhecimento para retornar ao estado de inocência?
> — Certamente — respondeu ele —, é o capítulo final da história do mundo.[2]

O ensaio de Kleist foi um dos últimos textos escritos por ele. Nascido na casta militar prussiana em 1777, Kleist não tinha temperamento para qualquer tipo de carreira convencional. Pressionado pela família a entrar para o serviço público, ele se via antes como escritor, mas ainda lutava por produzir algo que o satisfizesse, viajando pela Europa, queimando o que escrevia. A certa altura, aparentemente tendo desistido da luta, tentou entrar para o Exército de Napoleão, que se preparava para invadir a Inglaterra. Indubitavelmente um gênio, Kleist deixou sete peças, oito histórias extraordinárias e certo número de ensaios e cartas, podendo ter escrito um romance que teria destruído antes de se suicidar, em 1811. Com sua inquietação congênita, ele não foi capaz de encontrar seu lugar no mundo.

A partir de seus diálogos enigmáticos e intrigantes, o ensaio vai de encontro a tudo que a humanidade moderna pensa de si mesma. Como poderia um fantoche — um dispositivo mecânico sem o menor traço de consciência — ser mais livre que um ser humano? Não é exatamente essa consciência que nos distingue do resto do mundo e nos permite escolher nosso caminho na vida? Tal como apresentado por Kleist, contudo, o automatismo do fantoche está longe de ser uma condição de escravidão. Comparada à vida dos seres humanos, a vida da marionete mais se assemelha a um invejável estado de liberdade.

A ideia de que a autoconsciência possa ser um obstáculo a viver em liberdade não é nova. Há muito se suspeita que o modo habitual de consciência deixa os seres humanos presos entre os movimentos mecânicos da carne e a liberdade do espírito. Por isso é que, nas tradições místicas ao longo da história, a liberdade tem significado uma condição íntima na qual a consciência normal foi transcendida.

No pensamento moderno, liberdade não é muito mais que uma relação entre seres humanos. Nesse sentido, a liberdade pode assumir variadas formas. Existe a liberdade que consiste na ausência de obstáculos humanos para fazer o que se quer ou se pode vir a querer, às vezes chamada de liberdade negativa; o tipo que implica não apenas ausência de impedimentos, mas agir como agiria um ser humano racional; e a variedade que exercemos quando somos membros de uma comunidade ou de um Estado que determina como será governado. Para Kleist e outros que pensavam como ele, todavia, liberdade não é simplesmente uma relação entre seres humanos: é, acima de tudo, um estado da alma em que o conflito foi deixado para trás.

Na Europa antiga, os estoicos afirmavam que um escravo pode ser mais livre que um senhor sofrendo de divisão do eu. Na China, os taoistas imaginavam um tipo de sábio que reagisse ao fluxo dos acontecimentos sem ponderar alternativas. Os discípulos das crenças monoteístas têm convicção semelhante: liberdade, segundo eles, é obedecer a Deus. O que mais querem os seguidores dessas tradições não é nenhum modo de liberdade de escolha. Pelo contrário, eles anseiam por se libertar *da* escolha.

Seria fácil deduzir que os que buscam essa liberdade desejam ser dominados por um tirano. Afinal, foi o que muitos seres humanos desejaram no passado e continuam a ansiar ainda hoje. Desejar liberdade de escolha pode ser um impulso universal, mas está longe de ser o mais forte. Não é apenas o fato de haver muitas coisas que os seres humanos desejam antes de querer essa liberdade — como alimentos para comer e um lugar para viver. Mais exatamente, se liberdade significa deixar que os outros vivam como quiserem, sempre haverá muitos que se sintam felizes sem liberdade.

Em contraste, aqueles que buscam a liberdade interior não se importam com o tipo de governo sob o qual vivem, desde que ele não os impeça de se voltar para dentro. Pode parecer uma atitude egoísta; mas faz sentido em uma época de instabilidade endêmica na qual não se pode esperar que os sistemas políticos durem. Uma dessas épocas foi a Antiguidade europeia, quando o cristianismo contestava filosofias greco-romanas e religiões misteriosas. Outra pode ser nossa atualidade, quando a crença nas soluções políticas perde força e uma religião renascente se sustenta com a fé predominante na ciência.

Na Antiguidade tardia, aceitava-se que a liberdade não era uma condição que pudesse prevalecer entre os seres humanos; o mundo era ingovernável. Certas correntes místicas da época iam mais longe: liberdade significava fugir do mundo. Quando Herr C. diz ao narrador que ele deveria ler o terceiro capítulo do Gênesis, Kleist está se referindo à mais radical dessas tradições: a religião do gnosticismo.

Na mitologia do Gênesis, Adão e Eva viviam no Jardim do Éden sem precisar trabalhar; mas foram tentados por uma serpente, prometendo que seriam como deuses se comessem a maçã proibida do conhecimento. Eles comeram a maçã. Tendo desobedecido a Deus, foram punidos com a obrigação de passar o resto da vida tendo de trabalhar.

Em uma leitura tradicional, comer a maçã foi o pecado original; na visão dos gnósticos, contudo, os dois ancestrais humanos estavam certos ao comê-la. O Deus que determinou que não o fizessem não era o verdadeiro Deus, mas um demiurgo, um subalterno tirânico que se regozijava com o exercício do poder, ao passo que a serpente viera para libertá-los da escravidão. É verdade que Adão e Eva caíram em desgraça ao comer a maçã. Era na realidade a Queda do Homem — a queda no mundo turvo da consciência do cotidiano. Mas a Queda não precisa ser considerada definitiva. Tendo-se fartado na Árvore do Conhecimento, a humanidade pode ascender a um estado de inocência consciente. Quando isso acontecer, declara Herr C., será "o capítulo final da história do mundo".

Herr C. invoca uma das exigências de liberdade mais intransigentes jamais feitas. Acreditando que os seres humanos eram criações falhas de um demiurgo — uma deidade maligna ou incompetente, e não o verdadeiro Deus que desapareceu do mundo —, os antigos gnósticos viam a experiência de escolher como confirmação de que os seres humanos são radicalmente imperfeitos. A verdadeira liberdade seria uma condição na qual não tivessem mais de enfrentar o fardo da escolha — uma condição que só poderia ser alcançada deixando para trás o mundo natural. Para esses visionários esquecidos, a liberdade era obtida tomando o céu de assalto num ato de violência metafísica.

Hoje em dia, muitas pessoas têm uma visão gnóstica do mundo sem se dar conta disso. Acreditando que os seres humanos podem ser plenamente entendidos pelos termos do materialismo científico, rejeitam qualquer ideia de livre-arbítrio. Mas não poderiam abrir mão da esperança de se assenhorear do próprio destino. Passaram então a acreditar que de algum modo a ciência permitirá à mente humana escapar das limitações que determinam sua condição natural. Em boa parte do mundo, e particularmente nos países ocidentais, a fé gnóstica de que o conhecimento pode proporcionar aos seres humanos uma liberdade fora do alcance de qualquer outra criatura tornou-se a religião predominante.

Se uma das marionetes de Kleist viesse a desenvolver autoconsciência, o gnosticismo seria sua religião. Nas versões mais ambiciosas do materialismo científico, os seres humanos *são* marionetes: fantoches presos a cordéis genéticos, que se tornaram autoconscientes por um acidente da evolução. Sem que o saibam aqueles que mais ardorosamente a professam, seus mais audaciosos pensadores seculares são possuídos por uma versão da religião mística. No momento, o gnosticismo é a crença daqueles que se julgam máquinas.

A FÉ DOS FANTOCHES

Remontando muito longe, até o mundo antigo, reaparecendo em culturas totalmente separadas no espaço e no tempo, aflorando na religião, na filosofia e no ocultismo, exercendo modernamente uma poderosa influência na ciência e na política,[3] o gnosticismo tem coexistido e competido com muitas outras maneiras de pensar, escondendo-se delas ou nelas se ocultando. Houve correntes gnósticas no judaísmo, no cristianismo e no islã, no zoroastrismo, no maniqueísmo, no mitraísmo e no orfismo, e as ideias gnósticas marcaram forte presença na filosofia grega por meio de alguns dos seguidores mais tardios de Platão.

As origens do gnosticismo não foram identificadas, mas ele parece ter surgido plenamente como visão de mundo mais ou menos na mesma época que o cristianismo. Como outros profetas judeus da época, Jesus pode ter sido influenciado por tradições zoroastrianas, que entendiam a vida humana como uma guerra entre o bem e o mal. O cristianismo — a religião conjurada pela vida de Jesus e pelas palavras de São Paulo — sempre conteve correntes gnósticas, embora estas viessem a ser condenadas como heresias que ameaçavam a autoridade da Igreja.

As ideias gnósticas estão longe de ser caracteristicamente modernas, mas se manifestaram em formas mais abertas com o Renascimento. Louvado pelos racionalistas como a época em que a civilização clássica veio a ser redescoberta, foi este o período em que a crença no mágico floresceu nos mais altos níveis do Estado. Alquimistas e videntes eram regularmente consultados na corte de Elizabeth, e mesmo quando as formas mais antigas de religião já eram abandonadas, novos tipos de magia se disseminavam. No século XVII, o astrólogo e astrônomo alemão Johannes Kepler, também matemático e místico, foi uma figura emblemática do Renascimento. Embora acreditasse em um cosmo governado por princípios de ordem e harmonia,

Kepler deu início a uma virada na direção de uma visão de mundo na qual as leis eventualmente existentes no universo eram mecânicas e destituídas de propósito. Outros cientistas do início da era moderna também se mostravam ambíguos. Isaac Newton foi o fundador da física moderna, embora também acreditasse na alquimia e na numerologia, e vasculhasse os livros apocalípticos da Bíblia em busca de significados ocultos. Sob muitos aspectos, a revolução científica foi um subproduto do misticismo e da magia. Na verdade, quando forem desvendadas as confusas origens da ciência moderna, cabe duvidar se será confirmada a existência de uma "revolução científica".

O romancista e poeta Lawrence Durrell ofereceu uma versão moderna da visão gnóstica em uma série de romances, *O quinteto de Avignon* (1974-85). Akkad, um comerciante e banqueiro egípcio que também é um moderno gnóstico, prega para pequenos grupos de expatriados europeus. Às vezes gordo e largado, outras vezes parecendo ascético e magro, à vontade em quatro capitais e falando outras tantas línguas, algumas vezes usando roupas ocidentais, outras, trajes tradicionais, Akkad se oferece para juntar os fragmentos que sobraram do ensinamento gnóstico, que as religiões estabelecidas tinham tentado destruir:

> a amarga verdade fundamental dos gnósticos: a terrível percepção de que o mundo do Bom Deus estava morto, e de que Ele fora substituído por um usurpador — um Deus do Mal [...]. A profunda percepção desta verdade e sua proclamação é que haviam levado os gnósticos a ser reprimidos, censurados, destruídos. A humanidade é demasiado frágil para enfrentar a verdade das coisas — mas, para qualquer um que enfrente a realidade da natureza e do processo com mente clara, a resposta é absolutamente inelutável: o Mal domina tudo.
>
> Que tipo de Deus, pergunta-se o gnóstico, teria organizado as coisas tal como são — este mundo ruminante de morte e dissolução que alega ter um Salvador e uma fonte do bem em sua origem? Que tipo de Deus poderia ter construído essa máquina maléfica de destruição, de autoimolação? Só mesmo o espírito do sombrio e negativo pendor para a morte na natureza — o espírito do nada e da autoaniquilação. Um mundo em que somos alimento uns dos outros, presa uns dos outros...[4]

Vendo o mundo como uma obra do mal, os gnósticos propuseram uma nova visão da liberdade. Os seres humanos não eram mais parte de um esquema geral das coisas em que liberdade significava obediência à lei. Para serem livres, eles precisam se revoltar contra as leis que governam as coisas terrestres. Recusando as limitações do fato de serem uma criatura de carne, eles precisam deixar o mundo material.

Embora a ciência moderna pudesse parecer inóspita a essa visão gnóstica, o contrário é que se verificou. Tal como o entendemos hoje, o cosmo não é mais governado por leis que expressam um propósito abrangente — benignas ou não. Na verdade, o mundo em que vivemos pode nem ser um cosmo. As aparentes leis da natureza podem ser regularidades que não expressam nenhuma lei permanente, e, até onde sabemos, o universo pode ser essencialmente caótico. Mas o projeto de libertar o espírito do mundo material não desapareceu. O sonho de encontrar a liberdade pela rebelião contra a lei cósmica reapareceu na forma da crença de que os seres humanos, de algum modo, podem se tornar senhores da natureza.

O cristalógrafo J. D. Bernal (1901-71) ilustra bem a maneira como as ideias gnósticas permeiam a ciência moderna. A certa altura considerado um dos cientistas britânicos mais influentes, comunista de longa data e orgulhoso detentor do Prêmio Stalin da Paz, Bernal tinha a convicção de que uma sociedade cientificamente planejada estava sendo criada na União Soviética. Mas suas ambições iam além da reconstrução racional das instituições humanas. Ele estava convencido de que a ciência poderia promover na evolução uma virada graças à qual os seres humanos deixariam de ser organismos biológicos. Na descrição do historiador da ciência Philip Ball, o sonho de Bernal era que a sociedade humana fosse substituída por "uma Utopia de ciborgues pós-humanos com corpos maquinais criados por técnicas cirúrgicas". Mas nem mesmo essa fantasia esgotava as ambições de Bernal. Mais adiante, no futuro, ele via "um apagamento da individualidade e da mortalidade" pelo qual os seres humanos deixariam de ser entidades físicas distintas.

Em um trecho de seu livro *The World, the Flesh and the Devil: An Enquiry into the Future of the Three Enemies of the Rational Soul* [O mundo, a carne e o diabo: uma investigação sobre o futuro dos três inimigos da alma racional — em tradução livre], Bernal esclarece o que tem em mente: "A própria consciência poderia acabar ou desaparecer em uma humanidade que se tenha tornado completamente etérea, perdendo o organismo coeso, transformando-se em massas de átomos no espaço, comunicando-se pela radiação, e talvez, em última análise, transformando-se completamente em luz."[5]

Bernal publicou seu livro em 1929, mas ideias muito parecidas com as suas são propagadas hoje em dia. Concepções semelhantes informam a visão que o futurologista Ray Kurzweil, diretor de engenharia da Google, tem da Singularidade: uma ampliação explosiva do conhecimento que permitirá aos seres humanos se emancipar do mundo material e deixar de ser organismos biológicos. O subtítulo do livro de Kurzweil, *The Singularity is Near* [A singularidade está próxima] é *When Humans Transcend Biology* [Quando os seres humanos transcendem a biologia],[6] e embora as tecnologias envolvidas sejam diferentes — carregar informação cerebral no ciberespaço em vez de usar a cirurgia para construir um ciborgue —, a meta final de libertar a mente humana do confinamento na matéria é idêntica à de Bernal. As afinidades entre essas ideias e o gnosticismo são claras. Também aqui o pensamento secular é modelado por uma religião esquecida ou reprimida.

Seja antigo ou moderno, o gnosticismo gira em torno de dois artigos de fé.[7] Primeiro, a convicção de que os seres humanos são centelhas de consciência confinadas no mundo material. Os gnósticos não negavam que existisse ordem no mundo; mas viam essa ordem como uma manifestação do mal, à qual se recusavam a se submeter. Para eles, o criador era na melhor das hipóteses um incompetente, negligente ou esquecido do mundo que havia moldado, e possivelmente senil, louco ou há muito morto; o mundo era governado por um demiurgo de menor importância, insubordinado e malévolo. Presos em um cosmo escuro, os seres humanos eram mantidos submissos por uma ignorância hipnótica de sua verdadeira situação. E aqui chegamos à segunda ideia formativa: os seres humanos podem escapar dessa escravidão adquirindo um tipo especial de conhecimento. *Gnose* é a palavra grega que designa conhecimento, e para os gnósticos o conhecimento é a chave da liberdade.

Tal como vistos pelos gnósticos, os seres humanos são criaturas inadequadas e malfeitas, dotadas de (ou amaldiçoadas com) uma vacilante percepção de sua real condição. Quando comem da Árvore do Conhecimento, descobrem que são estranhos no universo. A partir daí, vivem em guerra consigo mesmos e com o mundo.

Ao afirmar que o mundo é mau, os gnósticos se apartaram de maneiras mais antigas de pensar. As religiões antigas do Egito e da Índia consideravam que o mundo continha luz e escuridão, bem e mal, mas esses eram pares que se alternavam em ciclos, em vez de estarem presos em uma luta cósmica. Concepções animistas em que o mundo é um jogo de forças criativas e destrutivas enquadram uma visão semelhante das coisas. Em um universo desse tipo, não existe o problema do mal, que atormentou gerações de apologistas do monoteísmo.

A ideia do mal como força ativa pode ter se originado em Zoroastro.[8] Profeta iraniano que viveu alguns séculos antes de Cristo (as datas exatas são questionáveis), Zoroastro não só via o mundo como cenário de uma guerra entre a luz e a escuridão como acreditava que a luz poderia vencer. Alguns séculos depois, outro profeta iraniano — Mani, o fundador do maniqueísmo — também afirmava que o bem poderia prevalecer, embora aparentemente acreditasse que a vitória não era certa. Pode ter sido mais ou menos nessa época que a sensação de oscilar entre alternativas se cristalizou em uma ideia de livre-arbítrio.

A ideia de uma presença demoníaca no mundo surgiu com as fés dualistas. Ela não aparece na Bíblia hebraica, na qual Satã surge como uma figura adversária, e não uma personificação do mal. É apenas no Novo Testamento que o mal aparece como uma entidade diabólica, e ao longo de sua história o cristianismo tem lutado para reconciliar essa noção do mal com a crença em um Deus bom e todo-poderoso.

Depois de se converter à religião de Mani, Agostinho tentou matar a charada dizendo que o mal era a ausência de bem — uma queda em desgraça decorrente do mau uso do livre-arbítrio. Mas persistiu sempre no cristianismo uma corrente que via o bem e o mal como forças opostas. Escrita no início do século XIII, a obra mais sistemática do catarismo, *O livro dos dois princípios*, afirma que paralelamente ao princípio do bem existe um outro princípio, "um princípio do mal, poderoso em sua iniquidade, do qual derivam exclusiva e essencialmente o poder de Satã e da escuridão e todos os outros poderes inimigos do verdadeiro Senhor Deus". Para embasar essa visão, o tratado do catarismo acrescenta uma citação de Jesus (Mateus 7:18): "Uma árvore boa não pode dar frutos ruins, nem uma árvore má dar bons frutos."[9]

Como quer que esses ditos sejam interpretados, a religião cristã sempre associou elementos conflitantes. Não existe uma tradição pura por trás do cristianismo, do gnosticismo ou de qualquer outra religião. A busca das origens acaba na descoberta de fragmentos.

Tal como aparece no pensamento secular moderno, a ideia do mal é uma herança do cristianismo. Na verdade, os racionalistas repudiaram a ideia; mas não demoraram a se dar conta de que não podiam dispensá-la. O que no passado era entendido como mal, insistem, é um erro — um produto da ignorância que os seres humanos podem superar. Aqui eles estão reiterando um tema zoroastriano, absorvido em versões posteriores do monoteísmo: a crença de que, "como 'senhor da criação', o homem está na vanguarda da luta entre os poderes da Verdade e da Inverdade".[10] Mas como explicar que a humanidade seja surda à voz da razão? Nesse ponto, os racionalistas invocam interesses sinistros: padres perversos, exploradores da superstição, inimigos malignos do esclarecimento, encarnações seculares das forças do mal.

Como acontece tantas vezes, o pensamento secular obedece a um padrão determinado pela religião, ao mesmo tempo eliminando as percepções mais valiosas da religião. Os racionalistas modernos rejeitam a ideia do mal, mas, concomitantemente, mostram-se obcecados com ela. Vendo-se como guerreiros sob ameaça em uma luta contra a escuridão, nunca lhes ocorreu perguntar por que a humanidade gosta tanto da escuridão. Deparam-se com o mesmo problema do mal enfrentado pela religião. A diferença é que os crentes religiosos sabem que estão diante de uma dificuldade insolúvel, o que não acontece com os crentes seculares.

Conscientes do mal em si mesmos, os crentes tradicionais sabem que ele não pode ser eliminado do mundo pela ação humana. Carentes dessa percepção salvadora, os crentes seculares sonham criar uma espécie mais elevada. Não se deram conta da falha fatal de seu esquema: uma espécie assim seria criada por seres humanos que de fato existem.

A DEMIURGIA E OS MANEQUINS DO ALFAIATE

Com sua interpretação gnóstica da história do Gênesis, o ensaio de Kleist fascinou gerações de escritores e poetas. Um dos mais talentosos a desenvolver a história de Kleist, e de longe o mais original, foi o escritor e pintor judeu polonês Bruno Schulz. Em seu "Tratado dos manequins", ao qual deu o subtítulo de "O segundo Gênesis", o narrador aborda "uma série de conferências das mais interessantes e inusitadas" pronunciadas por seu pai, um "mago metafísico". De acordo com essas especulações, expostas a um público de jovens costureiras em uma sessão noturna de trabalho, tudo que viveu foi obra de um demiurgo. Mas o demiurgo em questão era a própria matéria, que não era destituída de vida nem apresentava formas fixas:

> "O Demiurgo", disse meu pai, "não tem o monopólio da criação, pois ela é privilégio de todos os espíritos. À matéria foi concedida infinita fertilidade, vitalidade inesgotável e ao mesmo tempo um poder de tentação que também nos convida a criar [...]. Toda a matéria pulsa com infinitas possibilidades que a sacodem em surdos estremecimentos. À espera do sopro criador de vida do espírito, ela está infinitamente em movimento. E nos seduz com mil formas arredondadas, doces e suaves, cegamente imaginadas em seu próprio interior."[11]

Na versão de Schulz, o demiurgo — matéria criativa cega e insensível — dá origem a seres imbuídos de um impulso semelhante de criação. Uma vez conscientes, essas criaturas também querem ser demiurgos:

> "Já vivemos demasiado tempo sob o terror da perfeição incomparável do Demiurgo", disse meu pai. "Durante muito tempo a perfeição de sua criação paralisou nosso instinto criativo. Não queremos competir com ele. Não temos a ambição de imitá-lo. Queremos ser criadores em nossa própria esfera inferior; queremos ter o privilégio da criação, queremos prazeres criativos, queremos — em uma palavra — a Demiurgia."[12]

Na reformulação de Schulz, os seres humanos desempenham o papel de um demiurgo em um mundo material no qual se encontram por acaso. Produto acidental de um processo impessoal, eles não se podem arvorar em propósito da criação. Mas a tendência para alguma forma de consciência parece quase inata na ação da matéria, e os seres humanos parecem propensos a desenvolver essa tendência no mais alto grau. São como os manequins do alfaiate em seu ateliê, comenta o pai do narrador:

> "Figuras de um museu de cera [...] até mesmo paródias de manequins em um parque de diversões não devem ser tratadas de maneira leviana. A matéria não faz gracejos; está sempre impregnada de seriedade trágica. Quem ousaria imaginar que se pode brincar com a matéria, que é possível moldá-la em um gracejo, que o gracejo não vai incorporar-se a ela, não vai corroê-la como o destino? Dá para imaginar a dor, o tedioso sofrimento escavado e aprisionado na matéria desse manequim que não sabe por que precisa ser o que é, por que deve permanecer naquela forma imposta que não passa de uma paródia?"[13]

Há muito os seres humanos têm sido possuídos pelo sonho de criar versões superiores de si mesmos: os homúnculos e os golens das lendas medievais; na época moderna, máquinas pensantes que calculam muito melhor que os seres humanos jamais seriam capazes, potencialmente também mais autoconscientes:

> "O Demiurgo estava apaixonado por um material completo, magnífico e complicado; nós daremos prioridade ao que não tem valor. Estamos simplesmente encantados e hipnotizados pelo caráter barato, miserável e inferior do material [...]. Em uma palavra", concluiu meu pai, "queremos criar o homem pela segunda vez — com a forma e a aparência de um manequim de alfaiate."[14]

Com "esotérica solenidade", o pai do narrador — "o inspirado Heresiarca" — expõe sua versão do mito gnóstico. O Demiurgo:

> estava de posse de receitas criativas importantes e interessantes. Graças a elas, criou uma multiplicidade de espécies que se renovam por conta própria. Ninguém sabe se essas receitas algum dia serão reconstituídas. Mas

isso não é necessário, pois mesmo que os métodos clássicos de criação se revelassem inacessíveis para todo o sempre, sempre restam métodos ilegais, uma infinidade de métodos heréticos e criminosos.[15]

Traduzida da linguagem da religião gnóstica, essa é uma visão que anima boa parte da ciência moderna.

No conto incomparavelmente sutil de Schulz, o pai do narrador articula a visão implícita em boa parte da ciência moderna: a humanidade pode ser um esporte da natureza, mas uma vez tendo caído no mundo, o animal humano pode se valer de seu crescente conhecimento para se recriar de maneira superior. Manifesta no culto da evolução, é uma versão involuntária da demiurgia.

Ao mesmo tempo lírico e irônico, o tratado de Schulz reflete o caráter de seu autor. Schulz criou uma obra vasta, na qual a magia se revela nas coisas mais banais: o interior de uma loja pode ser um mundo inteiro, seus produtos vulgares e baratos formando uma paisagem sublime; a história de uma família pode ter as qualidades de uma saga antiga. Por meio do mito, pensava Schulz, é que melhor se pode entender a vida humana. No ensaio "A mitização da realidade", de 1936, ele escreveu: "Nem o menor fragmento de qualquer de nossas ideias deixa de se originar no mito, deixa de ser mitologia transformada, mutilada, desnaturada".[16]

No mito que inspira os escritos de Schulz, a individualidade é um tipo de exibição teatral na qual a matéria assume um papel temporário — um ser humano, uma barata — e vai em frente. A demiurgia é uma continuação desse processo. Ao perseguir o sonho de criar versões superiores de si mesmos, os seres humanos obedecem ao imperativo da matéria, e suas criações serão diferentes de qualquer coisa que possam imaginar.

Nascido em 1892 em uma família de comerciantes da cidadezinha de Drohobych, na província da Galícia, no Império Austro-húngaro, Schulz passou a vida no epicentro da barbárie europeia do século XX. Apaixonado por arte, mas incapaz de ganhar a vida com ela, e tendo herdado a obrigação de sustentar parentes doentes, ele passou a trabalhar como professor em uma escola local. O emprego para ele era frustrante, absorvendo tempo e energia de seu trabalho criativo. O noivado com uma mulher a que se apegou profundamente, uma judia que se converteu ao catolicismo, fracassou. Embora exteriormente sua vida possa ter sido insatisfatória, Schulz continuou produzindo obras — contos, pinturas, desenhos — de radiante força.

Depois que se transferiu para a Ucrânia, sua terra natal foi ocupada na Segunda Guerra Mundial ao mesmo tempo pelas forças soviéticas e nazistas. No período nazista, Schulz viveu no gueto, mas por certo período foi empregado por um oficial nazista que, em troca dos murais que pintou na sala de recreação de seus filhos, dava a Schulz rações alimentares e certa proteção. Sabendo das deportações e execuções de judeus, Schulz deixava partes de seu trabalho aos cuidados de amigos não judeus. No dia 19 de novembro de 1942, não muito tempo depois de concluir os murais, Schulz foi morto a tiros por outro oficial nazista quando voltava a pé para o gueto, levando um pedaço de pão. Seu protetor havia matado um judeu que estava sob o controle do outro oficial, e o oficial se achou no direito de matar Schulz em retaliação. "Você matou meu judeu, e eu matei o seu", teria dito.

Há indícios de que, antes de ser assassinado, Schulz planejava uma fuga, juntando dinheiro e documentos falsos com amigos em Varsóvia. Talvez planejasse fugir de Drohobych naquela mesma noite (embora não se saiba para onde ele iria). Boa parte de sua obra desapareceu sem deixar traços. Os murais foram descobertos, cerca de sessenta anos depois, em uma despensa da casa onde o oficial nazista vivera. O espírito luminoso de Schulz sobrevive em histórias como a dos manequins, lúdica e zombeteira tradução de um onipresente mito moderno.

LEOPARDI E A ALMA DAS MÁQUINAS

No ensaio de Kleist, os seres humanos são apanhados entre o gracioso automatismo do fantoche e a liberdade consciente de um deus. O caráter estúpido e hesitante de seus atos decorre do sentimento de que precisam determinar o rumo de suas vidas. Outros animais vivem sem precisar escolher o caminho a seguir. Qualquer que seja a incerteza que possam sentir, farejando seus rumos pelo mundo, não é uma condição permanente;

chegados a algum lugar de segurança, eles estão bem. Em contraste, a vida humana se desenrola na ansiedade de decidir como viver.

Não muito depois de Kleist escrever seu ensaio, outra visão do que para os seres humanos significa ser livre foi apresentada pelo poeta italiano Giacomo Leopardi. Lembrado como o autor de poemas de refinada melancolia, Leopardi tem sido considerado pertencente ao Movimento Romântico. Mas, na prática, sua visão dos seres humanos e do lugar que ocupam na natureza está nos antípodas da visão romântica. O pensamento romântico tende para o culto do infinito, ao passo que, para Leopardi, finitude e limitações são necessárias para o que quer que possa ser considerado vida civilizada. A doença da época, acreditava ele, vinha da intoxicação com o poder conferido pela ciência, paralelamente à incapacidade de aceitar o mundo mecânico por ela revelado. Se houvesse uma cura para essa doença, ela exigiria o cultivo consciente das ilusões.

À parte seus poemas, só alguns breves ensaios e diálogos foram publicados ainda em vida de Leopardi. Uma versão completa de seu diagnóstico da doença moderna seria publicada em italiano apenas em 1898, no centenário de seu nascimento, e uma tradução integral para o inglês, só em 2013. Escrito em segredo e contendo cerca de 4.500 páginas manuscritas, o *Zibaldone* de Leopardi — uma "miscelânea de pensamentos" — devia ser apenas uma série de lembretes para si mesmo. Abrangendo da história antiga à filologia, da crítica da religião a uma nova versão do materialismo, o *Zibaldone* é uma metódica dissecção da crença de que o conhecimento científico pode ser o instrumento da libertação humana.

Boa parte do *Zibaldone* foi escrita quando Leopardi tinha vinte e poucos anos, na biblioteca da casa de sua família na cidade de Recanati, nas colinas da periferia dos Estados papais onde seu pai, um homem antiquado, ainda usava espada para mostrar que pertencia a uma casta principesca. Tendo estragado a visão e desenvolvido uma corcunda nos longos dias que passava recurvado na biblioteca, onde aprendeu sozinho grego e hebraico, Leopardi foi um homem frágil e doente quase a vida inteira. Com poucos relacionamentos, à parte um envolvimento malsucedido com uma florentina casada, e sofrendo longos períodos de pobreza, ele passou os últimos anos de vida em Nápoles com um amigo íntimo.

O delicado poeta também era um crítico implacável dos ideais modernos. Não conseguia levar a sério a ideia moderna de que o animal humano se aperfeiçoa. Reconhecia que algumas civilizações são melhores que outras, mas nenhuma delas indica um caminho para a espécie humana. "A civilização moderna não deve ser considerada simplesmente uma continuação da civilização antiga, um avanço em relação a ela [...] essas duas civilizações, essencialmente diferentes, são e devem ser consideradas civilizações separadas, ou por outra, dois tipos diferentes e distintos de civilização, cada uma de fato completa em si mesma."[17] Entre as duas, a simpatia de Leopardi tendia para o mundo antigo, cujo modo de vida ele considerava mais propício à felicidade. Mas em momento algum Leopardi imaginou que esse mundo pudesse ser revivido.

Em sua visão, a civilização moderna é movida pela ampliação do conhecimento. Sabendo mais que qualquer geração anterior, a humanidade descartou as ilusões do passado — inclusive a religião. Mas em si mesma essa recusa da religião é em parte um subproduto do cristianismo, e o resultado é a geração de ilusões ainda mais danosas.

Os cultos politeístas de tempos remotos talvez não passassem de produtos da imaginação humana; no entanto, ajudaram os seres humanos a viver em um mundo no qual eram ignorantes, e não pretendiam conter nenhuma verdade universal. Com a alegação de ser uma revelação para todo o mundo, o cristianismo solapou essa tolerante aceitação da ilusão. Mas o mundo antigo já continha o germe de sua dissolução na filosofia. O hábito da investigação cética gerara uma condição paralisante de incerteza, que o cristianismo pretendia curar. Os cristãos consideravam que sua fé mostrava a verdade ao mundo antigo, salvando-o da dúvida.

Para Leopardi, era exatamente o contrário:

> O que estava destruindo o mundo [antigo] era a falta de ilusões. O cristianismo o salvou, não por ser a verdade, mas por ser uma nova fonte de ilusões. E os efeitos que gerou, entusiasmo, fanatismo, sacrifício magnânimo e heroísmo, são os efeitos habituais de qualquer grande ilusão. Não estamos examinando aqui se é verdadeiro ou falso, mas apenas que isto nada prova em seu favor. Mas como é que ele veio a se estabelecer em meio a tantos

obstáculos [...]? Ninguém será capaz de entender o coração humano se não reconhecer o enorme alcance de sua capacidade de se iludir, mesmo quando vá de encontro a seus próprios interesses, ou a frequência com que ama exatamente aquilo que obviamente é danoso para ele.[18]

O avanço da razão tem como efeito debilitar ilusões necessárias para a civilização:

> não resta dúvida de que o progresso da razão e a eliminação de ilusões gera barbárie [...]. O maior inimigo da barbárie não é a razão, mas a natureza. A natureza (quando devidamente seguida, no entanto) nos proporciona ilusões que, em seu devido lugar, tornam um povo verdadeiramente civilizado [...]. As ilusões são naturais, inerentes ao sistema do mundo. Quando são totalmente ou quase totalmente eliminadas, o homem é desnaturado, e todo povo desnaturado é bárbaro [...]. E a razão, inclinando-nos naturalmente a buscar a vantagem pessoal, e afastando as ilusões que nos une aos outros, dissolve a sociedade absolutamente, reduzindo as pessoas à selvageria.[19]

Segundo Leopardi, o advento do cristianismo foi uma reação a um excesso de dúvida. Muitos dos filósofos antigos se inspiravam em ideias de uma ordem invisível das coisas. Pitágoras, Platão e seus discípulos acreditavam que havia uma harmonia oculta além ou por trás do fluxo dos acontecimentos humanos. Mas a dúvida sistemática praticada por esses filósofos se revelou mais poderosa que suas visões místicas, e o resultado foi um estado de caos interno que exigia uma ilusão nova e mais potente. Na época moderna, esse jogo voltou a se manifestar de outra maneira. Assim como o cristianismo foi uma reação ao ceticismo, as fés seculares são uma reação à decadência do cristianismo. Lutando por escapar do mundo que a ciência revelou, a humanidade se refugiou na ilusão de que a ciência lhe permite refazer o mundo à sua imagem.

Uma das características da visão de mundo de Leopardi é seu intransigente materialismo. Tudo que existe é um tipo de matéria, acreditava ele, inclusive o que chamamos de alma. Relutamos em abrir mão da distinção entre matéria e mente porque não somos capazes de imaginar a matéria pensando. Para Leopardi, contudo, o fato de pensarmos mostra que a matéria pensa:

> Que a matéria pense é um fato. É um fato porque nós mesmos pensamos; e nós não conhecemos, não somos conscientes de ser, não somos capazes de conhecer, de perceber nada senão a matéria. É um fato porque constatamos que as alterações do pensamento dependem inteiramente de sensações, de nossa condição física, e que nossa mente corresponde plenamente às mudanças e variações ocorridas em nosso corpo. É um fato porque sentimos corporeamente nosso pensamento.[20]

Considera-se em geral que um materialista como Leopardi deveria rejeitar a religião, mas não era essa sua visão. Sem dúvida a religião era uma ilusão, mas ele sabia que os seres humanos não podem viver sem ilusões. Leopardi criticava o cristianismo, porém suas objeções não eram tanto intelectuais, mas morais e estéticas: ele atacava a religião cristã por causa de seu impacto na qualidade de vida.

Depreciando o mundo natural em nome de um reino espiritual, o cristianismo não podia deixar de ser hostil à felicidade: "o homem", escreveu Leopardi, "era mais feliz antes do cristianismo que depois dele".[21] Ele não era o que hoje se chama de um relativista moral — alguém que considere que os valores humanos não passam de construções culturais. Insistia na constância da natureza humana e em seu corolário, a existência de bens e males que são universalmente humanos. O que rejeitava era a transformação desses valores não raro conflitantes em um sistema de princípios universais. Seja no cristianismo ou em seus sucessores seculares, qualquer projeto dessa natureza está fadado a resultar em tirania, pois se trata de uma tentativa de reprimir as contradições insolúveis das necessidades humanas.

Na visão de Leopardi, as pretensões universais do cristianismo eram uma licença para a selvageria universal. Por estar voltada para toda a humanidade, a religião cristã costuma ser louvada, até mesmo por seus críticos, como um avanço em relação ao judaísmo. Leopardi — e também Freud, cem anos depois[22] — não compartilhava dessa opinião. Os crimes da cristandade medieval foram piores que os da Antiguidade, afirmava, precisamente porque podiam ser justificados como aplicação de princípios universais: a crueldade introduzida no mundo pelo cristianismo era "totalmente nova e mais terrível [...] mais horrível e bárbara que a da Antiguidade".[23]

O racionalismo moderno reaviva o erro central do cristianismo: a pretensão de ter revelado a boa vida para toda a humanidade. Leopardi considerava os credos seculares surgidos na época moderna como expressões de uma "meia-filosofia",[24] um tipo de pensamento com muitos dos defeitos da religião. O que ele chamava de "barbárie da razão" — o projeto de refazer o mundo segundo um modelo mais racional — era o evangelismo militante do cristianismo sob uma forma mais perigosa.

Os acontecimentos confirmaram o diagnóstico de Leopardi. Com o enfraquecimento do cristianismo, a intolerância por ele legada ao mundo tornou-se ainda mais destrutiva. Seja no imperialismo, no comunismo ou nas incessantes guerras para defender a democracia e os direitos humanos, os mais bárbaros modos de violência têm sido promovidos em nome de uma civilização mais elevada.

Apesar de todas as investidas contra o cristianismo, Leopardi não se regozijava com seu declínio. "A religião", escreveu, "é tudo que temos para escorar o miserável e cambaleante edifício da atual vida humana."[25] Mas não há motivos para pensar que ele derivava algum consolo da fé que herdara. Criado pelo pai como bom católico, Leopardi tornou-se ateu e admirador do politeísmo. Dando-se conta de que as fés mais benignas da época antiga não podiam ser revividas, ele defendia a religião de sua época como a ilusão menos danosa. Mas não era capaz de se render ele próprio a essa ilusão. Pelo contrário, pautou toda sua vida pela desilusão.

Para Leopardi, o animal humano era uma máquina pensante. Essa é a verdadeira lição do materialismo, e ele a abraçava. Os seres humanos são parte do fluxo da matéria. Conscientes de estarem presos no mundo material, eles não podem escapar desse confinamento senão pela morte. A boa vida começa quando aceitam esse fato. Como escreveu em um de seus mais celebrados poemas:

> [...] Lembro do eterno,
> E das estações mortas, e da atual
> Viva, e todos os seus sons. E assim
> Nessa imensidão meu pensamento se afoga:
> E desfruto do afundar nesse mar.[26]

Aqui, Leopardi está o mais afastado possível dos gnósticos, e, no entanto, sua concepção do universo tem algo importante em comum com a deles.

Para Leopardi, a mente não era (como era para os gnósticos) injetada na matéria de algum lugar além do mundo físico. A matéria era em si mesma inteligente, em constante mutação e gerando novas formas, algumas autoconscientes. Na infância, Leopardi escrevera um ensaio sobre "a alma dos animais", deixando claro que a consciência não se limita aos seres humanos. A diferença entre animais e seres humanos não é o fato de estes serem autoconscientes e aqueles, não. Ambos são máquinas conscientes. A diferença está na maior fragilidade da alma humana, que gera ilusões das quais o animal não precisa.

Em seu magnífico "Diálogo entre a Natureza e um islandês", publicado em 1824, Leopardi leva a Natureza a responder à pergunta sobre se fazia o mundo "deliberadamente nos atormentar". A Natureza pergunta ao islandês:

> Você realmente acredita que o mundo foi feito para você? Você precisa entender que em minhas obras, em minhas leis e operações, com muito poucas exceções, sempre tive e ainda tenho em mente algo muito diferente da felicidade ou infelicidade dos homens. Quando o firo de algum modo ou por algum meio, não tenho consciência, exceto muito raramente; exatamente como, em geral, se lhe agrado ou o benefício, nada sei a respeito; e não fiz certas coisas, como você acredita, nem procedo a certos atos para agradar-lhe ou ajudá-lo. E, por fim, ainda que viesse a exterminar toda a sua raça, eu não teria consciência disso [...]. É óbvio que você não atentou para o fato de que a vida deste universo é um ciclo perpétuo de produção e destruição, ambas de tal maneira interligadas que uma constantemente serve à outra, para assegurar a conservação do mundo, que

também haveria de se desintegrar assim que uma ou outra deixasse de existir. De modo que o próprio mundo seria prejudicado se alguma coisa nele estivesse livre de sofrimento.[27]

Para Leopardi, o mal é parte integrante do funcionamento do mundo; mas quando fala do mal, ele não se refere a nenhuma ação maligna do tipo que os gnósticos imaginavam. O mal é o sofrimento integrado ao esquema das coisas. "Que esperança pode haver quando o mal é *ordinário*?", pergunta ele. "Quero dizer, em uma ordem na qual o mal seja *necessário*?"[28] Essas perguntas retóricas mostram por que Leopardi não se interessava por projetos de revolução e reforma. Nenhum tipo de ação humana — muito menos a bufonaria da política — seria capaz de alterar fundamentalmente um mundo em que o mal fosse ordinário. Não que Leopardi carecesse de empatia humana. Na verdade, ele afirmava a irresponsabilidade e a inocência da espécie humana. Entender a necessidade do mal, pensava ele, levava à compaixão: "Minha filosofia não só não leva à misantropia, como poderia parecer a quem a encare superficialmente, e como é acusada por muitos [...]. Minha filosofia põe a culpa de tudo na natureza, e ao isentar completamente a humanidade, redireciona o ódio, ou pelo menos a queixa, para um princípio mais elevado, a verdadeira origem dos males dos seres vivos."[29] Os vícios humanos — ganância, crueldade, mentira — são naturais. A natureza não é maligna nem benevolente, apenas indiferente. Os seres humanos são máquinas que se tornaram autoconscientes por meio de uma sucessão de acasos. A liberdade interior — a única liberdade possível, acreditava ele — é alcançada quando se aceita essa situação.

Leopardi a aceitava. Não o surpreenderia que boa parte de sua obra fosse por tanto tempo ignorada. Sabedor de que a mente humana pode decair à medida que o conhecimento humano avança, ele não esperava que sua maneira de pensar fosse apreciada e entendida. Nem tentou escapar do fim que espera tudo que vive. A imortalidade, escreveu em um de seus mais adoráveis poemas, "O ocaso da Lua", seria "o pior de nossos males".[30] Ditando calmamente os versos finais do poema em seu leito de morte em Nápoles, ele parece ter considerado completa sua breve vida.

O RETORNO DE LIGEIA

Em sua convicção de que a humanidade pode se emancipar das limitações naturais recorrendo à força de um conhecimento crescente, o pensamento gnóstico informa boa parte da ciência moderna. Mas uma recusa semelhante da limitação pode ser encontrada em correntes de pensamento hostis à ciência. O Movimento Romântico também afirmava que a humanidade pode refazer o mundo — embora não pela força da razão. A vontade é que permitiria à humanidade se impor a sua condição natural. Se essa vontade fosse suficientemente forte, até a morte poderia ser vencida.

Uma das versões dessa tradição romântica se expressa no conto "Ligeia", de Edgar Allan Poe (1838). A epígrafe é uma citação atribuída ao escritor setecentista Joseph Glanvill: "E ali havia uma vontade que não morreu. Quem poderia conhecer os mistérios da vontade, com seu vigor? Pois Deus não passa de uma grande vontade que permeia todas as coisas, pela natureza de sua determinação. O homem não haverá de se entregar aos anjos, nem completamente à morte, senão pela fraqueza de sua débil vontade."[31] O trecho citado por Poe nunca foi encontrado, e pode ter sido inventado por ele. Nesse caso, terá sido uma astuta intuição que o levou a atribuí-lo a Glanvill.

Perfeito cético apesar de piedoso sacerdote, Glanvill (1636-80) usava um método baseado na dúvida para demolir o cosmo hierárquico construído pelos pensadores medievais a partir de ideias herdadas da filosofia grega. Em uma de suas obras principais, *Scepsis Scientifica, ou a ignorância admitida: o caminho para a ciência* (publicado originalmente em 1661 como *A futilidade de dogmatizar*), ele argumenta que os seres humanos jamais poderão ter conhecimento de causa e efeito. Dispomos apenas de impressões e crenças, que nos dão a sensação de que o mundo segue um rumo ordenado. Inflamos essas sensações em um sistema de princípios racionais que nos diz que certas coisas são necessárias e outras, impossíveis. Na verdade, não temos como saber: "Podemos afirmar que as coisas são assim e assado, de acordo com os Princípios que defendemos: mas estranhamente nos esquecemos de nós mesmos quando invocamos a necessidade de seu ser na Natureza, e a Impossibilidade de seu ser de outra maneira."[32] Como o cético escocês oitocentista David Hume, Glanvill negava que a mente humana pudesse conhecer as causas dos acontecimentos que observa. Ao contrário de Hume, que usava sua filosofia cética para atacar a religião, Glanvill se valia da dúvida para defender a fé — não só na existência de Deus, mas também na feitiçaria. Em ambos os casos ele afirmava que a fé se baseia na experiência humana.

A dúvida cética de Glanvill foi uma das primeiras expressões do empirismo moderno, e uma das mais radicais. Como epígrafe de outro de seus contos, "Uma descida ao Maelström" (1841), Poe usou uma citação autêntica de Glanvill, ligeiramente alterada: "Os caminhos de Deus na Natureza, como na Providência, não são como os nossos caminhos; tampouco os modelos que construímos são proporcionais à vastidão, à profundidade e à impossibilidade de investigação de Suas obras, dotadas de uma profundidade maior que o poço de Demócrito."[33] Poe era um admirador de Demócrito, que acreditava que nós vivemos em um universo ilimitado feito de átomos e vazio. Para o antigo filósofo materialista grego, a verdade está no fundo de um poço, cuja água serve de espelho onde os objetos são refletidos. Mas o acréscimo de uma expressão à citação — "impossibilidade de investigação" — parece indicar maior afinidade com Glanvill. Para Poe, a razão humana não seria capaz de apreender a natureza das coisas. O mundo que conhecemos é obra de imaginação — o que não é nada mau, pois o que é criado pela mente humana pode ter maior perfeição (acreditava Poe) que qualquer coisa no mundo natural.

Poe explorou essa ideia em "O domínio de Arnheim" (1842). Falando de um jovem muito rico e desejoso de criar uma paisagem que "em sua vastidão e seu caráter definitivo — em sua combinação de beleza, magnificência e *estranheza*, transmita a ideia de cuidado, ou cultura, ou superintendência, da parte de seres superiores, mas semelhantes à humanidade", a história mostra o jardineiro na posição de "uma natureza intermediária ou secundária — uma natureza que não é Deus, nem emanação de Deus, mas que ainda é natureza no sentido de trabalho manual dos anjos que pairam entre o homem e Deus".[34] O artista-jardineiro é um demiurgo montando uma cena mais bela que qualquer cena do mundo natural.

Em "Ligeia", o artifício humano desempenha um papel ainda mais importante. O narrador sem nome descreve uma série de acontecimentos envolvendo seu casamento com uma mulher de grande beleza, conhecimento e intelecto, que o leva a regiões de "investigação metafísica". Ligeia morre, o narrador volta a se casar, mas sua nova esposa, Rowena, também morre. Ele monta guarda junto ao corpo, e nessa vigília vê a vida voltando e um rosto conhecido — não o de Rowena, mas o de Ligeia. Como indicava a citação de Glanvill, a morte fora anulada pela vontade humana.

A vida de Poe não evidencia uma vontade assim. Pode ser que — como diz um biógrafo que não pode ser acusado de falta de empatia — ele estivesse "fadado a morrer na ignomínia [...] a escuridão sempre esteve em seu encalço".[35] Nascido em 1809 e órfão um ano depois, incapaz de encontrar uma fonte permanente de renda ou de se estabilizar em uma carreira, fundando revistas que fracassavam e passando a maior parte da vida em extrema pobreza, sofrendo de muitos tipos de mania e obsessão e buscando refúgio na bebida, esse gênio desregrado foi encontrado vagando pelas ruas de Baltimore, usando roupas de outros, incapaz de se expressar com coerência ou de explicar como acabara naquele estado desesperador. Foi levado para um hospital, onde morreu no dia 7 de outubro de 1849.

"Ligeia" ilustra uma visão gnóstica altamente inusitada. A referência do narrador à "investigação metafísica" pode apontar para a alquimia, mas também se referir à prática do mesmerismo, muito popular na época em que Poe escrevia. Para Poe, tal como para Glanvill, contudo, não era a ciência moderna nem a sabedoria hermética que abria a possibilidade do triunfo da vontade sobre a carne, mas a dúvida mais radical.

O GOLEM E AS RUÍNAS CIRCULARES

A ideia de que os seres humanos poderiam criar uma espécie superior veio à tona reiteradamente ao longo do século XIX. *Frankenstein, ou O moderno Prometeu* (1818), de Mary Shelley, explora como seria, para um ser humano, comportar-se feito um demiurgo. Tendo publicado o livro quando Leopardi escrevia o *Zibaldone*, Shelley admitia que qualquer homúnculo desse tipo só poderia ser uma encarnação monstruosa do orgulho humano. (Os dois escritores estiveram simultaneamente na Itália por algum tempo e tinham conhecidos comuns, mas não se conheceram, e aparentemente nenhum leu o outro.) Mais tarde no século XIX, o simbolista Villiers de L'Isle-Adam escreveu *A Eva futura* (1886), relato romanesco da criação de um "androide" feminino — termo cunhado pelo escritor. Quando os seres humanos assumem o lugar do demiurgo nessas histórias, as coisas sempre acabam mal. A criação de um ser humano artificial era uma tentativa de desafiar a lei natural, versão moderna do sonho do alquimista.

Usando ideias vagamente tomadas de empréstimo à Cabala, *O golem*, do escritor ocultista austríaco Gustav Meyrink (1915), é outra ficção desse gênero. Segundo J. L. Borges, o livro de Meyrink era "a história de um sonho; dentro desse sonho existem sonhos, e dentro desses sonhos (creio eu) outros sonhos".[36]

Criar uma humanidade superior é um sonho cujo absurdo passa despercebido até que a realidade, ou outro sonho, acabe com o ser imaginário. Mesmo quando se destinam explicitamente a eliminar as falhas humanas, os seres humanos artificiais não escapam às limitações de seus criadores. Fixados nas características do animal humano que consideram boas, os modernos pensadores seculares acreditam que a espécie humana pode ser recriada em uma forma superior dotada exclusivamente dessas características. Não ocorre a esses sublimes moralistas que nos seres humanos o bom e o ruim podem estar misturados. Pouco sabendo eles próprios do mundo, não têm consciência de que o bem humano não é um todo harmonioso; modos de vida refinados e adoráveis podem estar na origem da tirania e da opressão, ao passo que delicadas virtudes podem depender das mais sórdidas características humanas. A erradicação do mal pode gerar uma nova espécie, mas não aquela que tinham em mente seus inocentes criadores. Os seres humanos são dotados de muito pouco autoconhecimento para serem capazes de criar uma versão superior de si mesmos.

Borges deu continuidade à ideia de que uma nova humanidade poderia ser criada pelo sonho em uma de suas ficções mais ricas, "As ruínas circulares". É a história de um mago itinerante que encontra um lugar para dormir em um túmulo nas ruínas do santuário do deus do fogo. "O propósito que o guiava não era impossível, embora fosse sobrenatural. Ele queria sonhar um homem: queria sonhá-lo com meticulosa perfeição e inseri-lo na realidade."[37] O mago bem conhece a dificuldade da tarefa: "Ele entendia que o empenho de moldar a matéria incoerente e vertiginosa de que são feitos os sonhos era a mais árdua tarefa que um homem poderia empreender, embora viesse a penetrar todos os enigmas das ordens superiores e inferiores: muito mais difícil que tecer um fio de areia ou cunhar no vento sem rosto."[38]

O mago consegue criar um homem em seu sonho; mas, no sonho, o homem está dormindo, incapaz de agir ou existir por si mesmo. O mago se vê então na condição de um demiurgo fracassado: "Nas cosmogonias gnósticas, os demiurgos misturam e modelam um Adão de barro que não fica de pé sozinho: tão inábil e grosseiro e elementar quanto esse Adão de terra era o Adão de sonho fabricado nas noites de esforço do mago." O mago traz ao estado de vigília o homem que sonhou. Para esconder do homem sonhado, que agora vê como seu filho, o fato de ser apenas um sonho, ele instila em sua criação uma invencível ignorância das próprias origens. "Não ser um homem, ser a projeção do sonho de outro homem, que sentimento de humilhação, de vertigem!"

O mago sonha que apenas ele e o deus do fogo sabem que seu filho não passa de um sonho. Mas aí, em uma conflagração que aparentemente já aconteceu muitas vezes antes, o santuário do deus do fogo é por sua vez consumido pelo fogo. Inicialmente, o mago pensa em fugir; entretanto, considerando o trabalho que teve e sua idade avançada, caminha em direção às chamas, que o consomem sem qualquer dor. É então que o mago entende que também ele — como o homem que havia sonhado — "era mera aparência, sonhada por outro".[39]

Menos perceptivos que o xamã, aqueles que pretendem moldar uma humanidade superior com a ajuda da ciência acreditam que estão conferindo propósito ao movimento sem rumo da matéria. Na verdade, são eles próprios movidos pela energia descontrolada da matéria. Como na história de Borges, o xamã científico moderno e uma nova espécie humana são ambos sonhos.

SOLARIS E NOSSO MUNDO

Aparentemente consciente, certamente vivo, o vasto planeta Solaris, coberto de água, está em constante processo de autotransformação. No romance *Solaris*, de 1961, do escritor polonês Stanislav Lem, não é certo o que motiva essa autotransformação. O livro tem sido interpretado como uma exploração da impossibilidade de entender uma mente extraterrestre. Em outra leitura — que não é incompatível com esta —, o romance de Lem pode ser uma parábola da busca de Deus. Uma interpretação assim é sugerida no filme *Solaris* (1972), de Andrei Tarkovsky.

O psicólogo Kris Kelvin, que chega a uma estação espacial de pesquisa flutuando sobre a superfície aquática, faz parte de uma das várias gerações de cientistas que viajam até Solaris para estudar o planeta. Quando se dão conta de que estão lidando com uma inteligência viva, os cientistas tentam fazer contato com ela. Caberia supor que estão tentando se comunicar com uma mente não humana, mas um dos cientistas duvida que seja este o motivo: "Não queremos conquistar o cosmo, só estender as fronteiras da Terra até as fronteiras do cosmo [...]. Estamos apenas em busca do Homem. Não precisamos de outros mundos."[40] Na tentativa de entrar na mente do planeta, os cientistas podem estar tentando entender a si mesmos.

A senciência do planeta não foi aceita desde o início. (Alguns jamais a aceitaram.) Girando em torno de dois sóis, um vermelho e outro azul, Solaris mantinha uma órbita que, segundo as leis da gravitação, teria de ser intrinsecamente instável. Isso levou à descoberta de que o oceano podia exercer uma influência decisiva na trilha orbital do planeta, o que ameaçou a visão de mundo científica até então estabelecida. Foram as tentativas de investigar mais profundamente o oceano, utilizando instrumentos eletrônicos especialmente concebidos, que levaram muitos cientistas a concluir que ele era sensível.

O planeta participou ativamente da investigação, remodelando os instrumentos à medida que eram usados. Não era possível saber de que maneira eles interferiam nas experiências e por que motivo. Nenhuma intervenção era igual a outra; às vezes prevalecia total silêncio. Com o tempo, contudo, tornou-se possível classificar as reações do planeta segundo padrões aparentemente inteligíveis.

A vasta mente não humana não estava apenas cogitando. Estava constantemente criando novas formas, abundante diversidade de formas e estruturas, algumas das quais os cientistas puderam classificar: "árvores-montanhas", "extensores", "fungiformes", "mimoides", "simetríades" e "assimetríades", "vertebrídeos" e "agilus"... A criatividade do oceano revelou-se ainda mais espantosa quando ele começou a moldar uma série de visitantes — simulacros de seres humanos — para os cientistas que vieram estudá-lo. Por que ele fez isso é algo que jamais seria revelado.

Entre os visitantes estava Rheya, a falecida esposa de Kelvin, que se suicidara depois de uma briga com o marido. Perfeitamente consciente, mas sem lembrança do passado ou qualquer compreensão do motivo de estar ali na estação de pesquisa, Rheya fica intrigada, e logo perturbada. Assim também está Kelvin, que tenta livrar-se dela, fazendo-a entrar inadvertidamente em um ônibus espacial e projetando-o no espaço sideral. Mas Rheya — ou outra representação sua — retorna. Mais angustiada ainda, ela se mata.

Kelvin fica sozinho diante do mistério do oceano. Gostaria que voltasse aquela Rheya que conheceu e amou na Terra, mas reconhece que é impossível: "Sabemos que somos criaturas materiais, sujeitas às leis da fisiologia e da física, e nem mesmo o poder de todos os nossos sentimentos juntos seria capaz de vencer essas leis. Podemos apenas detestá-las." Ele não acredita que o oceano poderia reagir à tragédia de dois seres humanos. Descendo à superfície do oceano e pousando em uma ilha suave e porosa parecendo as ruínas de uma antiga cidade devastada por um terremoto, Kelvin questiona-se se deveria continuar vivendo nesse planeta inescrutável. "Eu não esperava nada. E, no entanto, vivia em expectativa [...]. Nada sabia, mas persistia na confiança de que o tempo dos milagres cruéis ainda não havia passado."[41]

Solaris encara o mundo humano com uma serena ausência de preocupação. Em parte, o impulso de fazer contato com o oceano decorre da crença de que ele deve ter metas como as dos seres humanos. Mas, embora tenha capacidade de autoconsciência e ação intencional — possivelmente até maiores que a de qualquer ser humano —, o oceano carece das necessidades que essas capacidades atendem nos humanos. Embora sinta prazer em jogar com os cientistas, nada indica que acolha bem a atenção que lhe dedicam. Não demonstra qualquer empatia pela aflição dos simulacros humanos que cria. Nada espera dos humanos. Se eles se forem ou desaparecerem, não terá qualquer sentimento de perda. O processo de autotransformação terá prosseguimento.

O filme de Tarkovsky termina com Kelvin percorrendo um bosque e passando por um lago na direção da casa de madeira do pai. Um cão avança em sua direção e ele o saúda alegremente. Olhando pela janela da casa, vê o pai em um quarto onde chove. Ele dá a volta na casa até a porta de trás, onde encontra o pai e então o abraça. Nesse momento, a câmera recua e o espectador vê a casa e suas imediações se fragmentando e desaparecendo na espuma do oceano.

Como todo mito verdadeiro, o *Solaris* de Lem não tem um significado único. Mas uma possível interpretação é que os seres humanos já vivem em um mundo como o de Solaris. Para onde quer que se voltem, veem formas e estruturas; mas essas formas podem ser enganosas. O mundo humano pode ser como a casa que Kelvin vê na ilha — um arremedo insubstancial eternamente caindo e se desfazendo.

A REVELAÇÃO DE PHILIP K. DICK

Seria difícil encontrar uma afirmação mais impressionante da visão de mundo gnóstica que esta:

> Por trás do universo falsificado está Deus [...]. Não é um homem que está afastado de Deus; é Deus que está afastado de Deus. Ele evidentemente quis assim desde o início, e desde então nunca buscou o caminho de volta para casa. Talvez se possa dizer que impôs ignorância, esquecimento e sofrimento — alienação e falta de abrigo — a Si mesmo [...]. Ele não sabe mais por que fez tudo isso a si mesmo. Não se lembra.[42]

Tendo passado por uma série de experiências em que aparentemente ganhava acesso a outra ordem de coisas, Dick se sentia ao mesmo tempo liberto e oprimido. Reconhecia que essas experiências aparentemente paranormais talvez pudessem ser explicadas por fatores pessoais, inclusive o uso de drogas pesadas ao longo de muitos anos, e não negava que significavam um desvio das normas convencionais de sanidade. Mas continuava convencido de que fora agraciado com um vislumbre de outro mundo, do qual fora exilado em tempos imemoriais, com outros seres humanos:

Em um sistema que deve gerar uma enorme quantidade de véus, seria arrogante protestar contra a realidade, quando minha premissa afirma que, se por algum motivo viéssemos a penetrar nele, esse estranho sonho que se assemelha a um véu haveria de se reafirmar retroativamente, em termos de nossas percepções e em termos de nossas lembranças. O sonhar mútuo seria retomado como antes, pois, creio eu, somos feitos personagens de meu romance *Ubik*; estamos em um estado de meia-vida. Não estamos mortos nem vivos, mas preservados em armazenagem fria, à espera do degelo.[43]

Autor de brilhante originalidade na ficção científica e usando o gênero para questionar o que é ser humano, Philip K. Dick jamais se recuperaria do abalo sofrido nos meses de fevereiro-março de 1974. Ele lutaria com essa experiência pelo resto da vida.

Se as circunstâncias de sua vida o levaram à experiência, também fizeram com que preservasse um caráter dolorosamente enigmático. Nascido prematuramente com sua irmã gêmea Jane em dezembro de 1928, Dick caía em estados de aparente horror metafísico desde os primeiros anos de vida. Jane viveu apenas seis semanas, o que o afetaria para sempre. Ele ficava aterrorizado quando o pai botava no rosto uma máscara de gás para contar histórias do tempo da guerra: "O rosto dele desaparecia. Não era mais o meu pai. Nem mesmo um ser humano."[44] Em 1963, Dick teve uma visão que remontava a esses momentos antigos de terror: "Olhei para o céu e vi um rosto. Não o vi realmente, mas o rosto estava lá, e não era um rosto humano; era a enorme face do mal perfeito [...]. Era imensa; ocupava um quarto do céu. No lugar dos olhos, buracos vazios — era metálico e cruel, e, pior que tudo, era Deus."[45]

Episódios assim aparecem em sua ficção — o rosto metálico no céu se transformou em Palmer Eldritch, por exemplo. E também levaram Dick na direção do gnosticismo. Seu biógrafo comenta que, para Dick, "a visão gnóstica de que nosso mundo é uma realidade ilusória criada por uma deidade inferior do mal era altamente atraente. Podia explicar o sofrimento da humanidade, assim como fenômenos espantosos como uma visão do 'mal absoluto' (o verdadeiro rosto do deus gnóstico!) no céu".[46] Essa visão gnóstica ressoava profundamente em certos aspectos da personalidade de Dick, ao mesmo tempo que outras partes suas a repeliam não menos profundamente.

Dick sempre teve tendência a medos paranoicos, em geral não sem motivo. No fim de 1953, ele e sua namorada foram procurados por agentes do FBI, que lhes mostraram fotos de vigilância e aparentemente ofereceram estudos gratuitos na Universidade do México se concordassem em espionar os colegas. Esse tipo de oferta não era incomum na época. Mergulhados na Guerra Fria e no macarthismo, os Estados Unidos da década de 1950 viviam tempos de suspeitas e medo. Muitos anos depois, Dick descobriria por meio de uma solicitação com base na Lei da Liberdade de Informação que uma carta escrita por ele a cientistas soviéticos em 1958 tinha sido interceptada pela CIA. Esse tipo de vigilância era rotineiro naqueles anos, mas é improvável que as agências americanas de inteligência tivessem algum interesse especial em Dick. Ele não tinha acesso a informações importantes, e o custo de vigiá-lo seria proibitivo. Ainda assim, pelo resto da vida Dick acreditou estar sendo vigiado — senão pelo FBI, pelo KGB ou (talvez pior que tudo) pela Receita Federal.

No fim de 1971, sua casa foi assaltada e seus arquivos foram levados — invasão que ele atribuiu a agentes federais do tipo Watergate ou talvez a fundamentalistas religiosos, entre outros. Nenhuma explicação era totalmente fantasista — era a época de Nixon, e Dick estivera envolvido no fim da década de 1960 com James A. Pike, o bispo episcopal da Califórnia, em sessões nas quais este último tentara fazer contato com seu filho, que se suicidara. Ao mesmo tempo, nenhuma das explicações era realisticamente plausível. (Certos amigos de Dick desconfiavam que ele próprio poderia ter encenado a invasão, talvez para se prevenir de uma auditoria fiscal da Receita Federal.) Depois do abalo mental do início de 1974, ele passou a acreditar que os serviços de inteligência do Exército americano estavam se apoderando de sua personalidade. Telefonou à delegacia de polícia local para dizer que "eu sou uma máquina", e escreveu ao FBI na tentativa de dissipar quaisquer dúvidas quanto a sua lealdade. São episódios que parecem indicar total paranoia.[47]

Após o abalo mental, Dick passou a se medicar com drogas, álcool e preparados vitamínicos, ao mesmo tempo que consultava alguns terapeutas. Mas não se livrava da sensação de confinamento imposta pela revelação que tivera. Em vez de ascender a um reino onde ficaria livre de todo perigo, ele se via para sempre cercado de forças maléficas. Fantasias conspiratórias — fossem políticas ou cósmicas — dominaram sua visão de mundo até a morte, semanas depois de ser acometido por um derrame, em março de 1982.

Sua propensão para a paranoia foi exacerbada por seu estilo de vida — eminentemente, o excessivo uso de anfetaminas. Mas era uma paranoia especial, que articulava toda uma visão de mundo — uma versão muito peculiar do gnosticismo. Com efeito, em sua visão de um mundo dominado por um demiurgo maléfico, o gnosticismo é a versão metafísica da paranoia. A ilusão paranoica muitas vezes é uma reação à insignificância — o sentimento, não raro justificado, de não ter importância nenhuma no mundo. Era esse o tipo de paranoia de Dick. Ao buscar um senso de significado, ele se familiarizou com o lado escuro de um mundo em que tudo tem um sentido.

A conquista de Dick como escritor foi separar a ficção científica da especulação sobre o futuro e associá-la a questões perenes sobre o que realmente pode ser conhecido. Em muitos de seus romances e contos ele explorou a vertiginosa possibilidade de que o universo seja um sonho de infinitas camadas, no qual toda experiência de iluminação se revela mais um falso despertar. Esse é o tema de romances como *O homem do castelo alto* (1962), uma história alternativa em que forças do Eixo são imaginadas como vencedoras da Segunda Guerra Mundial e o protagonista termina incerto quanto à história que realmente ocorreu; *Os três estigmas de Palmer Eldritch* (1965), no qual um empresário do mal comercializa um alucinógeno alienígena que acaba com a capacidade de distinguir o real do irreal; *VALIS* (1981), em que aparentemente o personagem central é ajudado por uma investigação espacial alienígena a descobrir a verdade das coisas; e *A transmigração de Timothy Archer* (1982), volume póstumo, que trata da luta de um bispo renegado por entender textos gnósticos recém-descobertos.

Esses romances refletiam e às vezes antecipavam experiências nas quais o autor não era capaz de dizer o que era real e o que não era. Em geral, a vida e a obra eram imagens uma da outra: Timothy Archer é um avatar do bispo James Pike, por exemplo. E não só realidade e ilusão se misturavam. Também os fatos e a ficção. Dick não aceitava que sua vida fosse determinada por uma série de acontecimentos aleatórios — a morte da irmã gêmea, uma visita do FBI, um simples assalto. Buscava uma intenção em tudo que lhe acontecesse — e, sobretudo, em seu colapso mental. Temendo ser incapaz de conferir sentido a sua experiência, ele a transformou em livro.

Esse livro foi *A exegese*, um manuscrito gigantesco de mais de oito mil páginas e cerca de dois milhões de palavras, quase todo escrito a mão e não destinado à publicação, no qual buscou entender tudo aquilo por que havia passado. Os editores da versão publicada, lançada em 2011, o consideram:

> visionário e fraturado, ao mesmo tempo desmoronando e lutando heroicamente, da única maneira como um romancista pode lutar por algo assim, por se manter inteiro no momento em que sua vida chega ao fim em total desordem, obcecado com uma irmã gêmea que viveu apenas um mês e definido por acessos de psicose, uma infinidade de drogas, cinco casamentos, tentativas de suicídio e precariedade financeira, uma perseguição real ou imaginária por parte do FBI e da Receita Federal, a rejeição literária mais imbecil que pode haver (vale dizer, destrutiva) e uma obsessão por Linda Ronstadt.[48]

Invocando ensinamentos cristãos primitivos e certas tradições esotéricas, especialmente o gnosticismo, Dick se esforçava por se convencer de que tivera uma autêntica revelação. Afastado da realidade por boa parte da vida, ele queria acreditar que agora estava a caminho da verdadeira sanidade.

Embora fosse um caminho marcado por seus próprios traumas, Dick seguiu uma trilha que já fora percorrida por muitos outros antes dele. Como seres humanos de qualquer época, ele queria acreditar que os eventos de sua vida faziam parte de um padrão. Criou, assim, uma história em que sua vida era determinada por agências secretas, algumas de fora do mundo humano. Mas um mundo em que nada acontece por acaso é um espaço fechado que logo se revela enlouquecedor. Dick se viu preso em um lugar assim — não o radioso cosmo carregado de sentido que buscava, mas uma prisão escura. Nas paredes havia mensagens rabiscadas, algumas das quais apareceriam mais tarde nas páginas de seus livros.

A exegese divaga, fragmentária e não raro altamente especulativa. A síntese de experiência pessoal e tradição hermética que ele buscava nunca seria alcançada. Mas Dick soube fazer convergirem temas gnósticos que, ignorados ou represados, determinam boa parte do pensamento moderno.

Ele sintetizou o que suas experiências o haviam levado a acreditar:

1. o mundo empírico não é muito real, apenas aparentemente real;
2. não se pode apelar a seu criador para que retifique ou alivie esses males e imperfeições;
3. o mundo caminha na direção de algum estado ou meta final, de natureza obscura, mas o aspecto evolutivo dos estados de mudança indica um estado final bom e dotado de propósito, concebido por uma protoentidade sensível e benigna.[49]

Nessa cosmogonia, o mundo visível é obra de "uma entidade limitada denominada 'o artefato'". O 'artefato', ou demiurgo, pode ser ignorante, ou então (especulava às vezes Dick) demente. Mas não é malévolo, fazendo apenas o que está ao seu alcance para libertar os seres humanos da ilusão. Essa é uma visão que tem algo em comum com a Cabala, como reconhece Dick:

> Provavelmente tudo no universo atende a uma boa finalidade [...]. O *Sêfer Yetzirá*, um texto cabalístico, *O Livro da Criação*, que tem quase dois mil anos, nos diz: "Deus também botou um contra o outro; o bem contra o mal, e o mal contra o bem; o bem vem do bem, e o mal, do mal; *o bom purifica o ruim, e o ruim, o bom* [grifos de Dick]; o bem é preservado para os bons, e o mal, para os maus."
>
> Subjacente aos dois jogadores está Deus, que não é nenhum e é ambos. O resultado do jogo é que os dois jogadores se purificam. É o antigo monoteísmo hebraico, tão superior a nossa visão.[50]

A interação entre o bem e o mal, na qual cada um é necessário ao outro, está no cerne de muitas tradições místicas. Se tivesse ficado com essa visão, Dick talvez pudesse ter exorcizado os demônios que o possuíam. Mas ele precisava saber, além de qualquer sombra de dúvida, que o esquema das coisas era bom. Em 1975, escreveu: "Este mundo não é mau, como supunha

Mani. Existe um mundo bom por baixo do mal. O mal de certa maneira lhe é sobreposto (Maia), e quando vem a ser arrancado, torna-se visível a pura e resplandecente criação."[51]

A ideia de que o mal é um véu que cobre o bem é antiga. Mas deixa sem resposta a questão sobre por que e de onde apareceu o véu. Se ele se originou em alguma mente divina, o mundo deve ter sido feito por um criador que em si mesmo é em parte o mal. Esse criador só pode ser um deus menor, um dentre muitos. Mas como foi que esse ambíguo semideus surgiu, se o verdadeiro Deus é todo bem? Por que os seres humanos precisam passar a vida lutando contra a ilusão?

São perguntas a que Dick não podia responder. No gnosticismo, mal e ignorância são a mesma coisa; quando se alcança a *gnosis*, o mal desaparece — pelo menos para o adepto. Nesse tipo de iluminação não pode haver incerteza. A experiência de Dick não foi nada parecida com isso. A iluminação vivenciada por ele foi o gatilho de um processo de desintegração psicológica. De modo algum a revelação que ele teve poderia ser vista como o fim de sua busca. Terá sido esse talvez o motivo pelo qual ele introduziu a ideia de evolução no sistema de ideias que se empenhava em montar. Invocando um processo de mudança evolutivo alheio ao pensamento gnóstico, Dick acreditava que uma transformação abarcando vastas extensões da história humana e do tempo cósmico estava em andamento. Acreditando que a mente humana se torna gradualmente mais esclarecida, ele aplicava um pressuposto moderno quase universal. Sob muitos aspectos uma figura antinomiana, ele também era produto de sua época.

A crença no progresso humano ao longo do tempo está embutida na moderna visão de mundo. Para Platão, os gnósticos e os primeiros cristãos, estava fora de questão que o mundo sombrio do tempo se movesse para um estado melhor. Ou bem o tempo literalmente acabaria — como parece ter acreditado Jesus, o profeta judeu apocalíptico que veio a ser considerado o fundador do cristianismo —, ou então o tempo e a eternidade coexistiriam perpetuamente, como pensavam Platão e os gnósticos. Em qualquer dos casos, não havia expectativa de que uma alteração fundamental nas questões humanas viesse a ocorrer ao longo da história. Dada como certa no mundo antigo, essa visão das coisas parece hoje quase incompreensível.

O mundo moderno herda a visão cristã de que a salvação ocorre na história. No mito cristão, os acontecimentos humanos obedecem a um desígnio conhecido apenas de Deus; a história da humanidade é uma história de redenção em andamento. É uma ideia que informa virtualmente todo o pensamento ocidental — e não menos quando se mostra intensamente hostil à religião. A partir do cristianismo, a salvação humana seria entendida (ao menos no Ocidente) como uma questão de movimento no tempo. Todas as filosofias modernas em que a história é vista como um processo de emancipação humana — seja pela mudança revolucionária ou pelo aperfeiçoamento gradual — são versões distorcidas dessa narrativa cristã, por sua vez uma versão distorcida da mensagem original de Jesus.

Dick hesitava entre aceitar que a história é determinada pelo acaso e acreditar que ela obedece a um desígnio secreto. Em 1980, ele contemplou a ideia de escrever um romance sobre um mundo alternativo, "Os atos de Paulo", explorando a contingência radical da história. Em "Os atos de Paulo", o cristianismo — a fé que, mais que qualquer outra, afirma que a história tem um significado — claramente teria sido apenas um desdobramento de acontecimentos aleatórios. Infelizmente, o romance não chegou a ser escrito.[52]

A crença de que a evolução avança na direção de um fim desejável está em toda parte, e Dick não podia deixar de ter sido influenciado por ela. Acima de tudo, ele era atraído pela ideia da evolução porque ela prometia que suas epifanias talvez um dia fizessem sentido. Se a mente evolui com o tempo, sua confusão não teria de ser permanente. Dick escreveu: "O que aconteceu [...] foi que eu despertei para a realidade. Mas ela tem essas falsas camadas adicionadas a ela. Nossa noção de tempo — da passagem do tempo — resulta do escaneamento das mudanças na aparência das coisas [...]. Eu simplesmente passei do mensageiro inconsciente para o consciente [...]."[53]

Meses antes de morrer, Dick escreveu uma carta contendo uma "declaração final" de uma página de *A exegese*. Sob a orientação de uma "hiper-estrutura", estava em evolução uma nova espécie com um nível mais alto de consciência que os seres humanos. Ele enfatizava que não se tratava de "mera fé".[54] Mas, para Dick, tinha de ser verdade. Ele seria incapaz de viver sem a crença de que suas experiências desnorteantes eram fases em um processo contínuo de esclarecimento. Desesperado por qualquer tipo de significado, Dick precisava de uma fantasia de evolução para não ser entregue ao mistério.

ENTRANDO NA ZONA

Gostamos de pensar que se outra espécie inteligente visitasse a Terra, seria para interagir conosco — se não para se comunicar conosco ou estudar nosso comportamento, pelo menos para nos explorar ou destruir. No exemplar conto de invasão alienígena de H. G. Wells, *A guerra dos mundos* (1898), os marcianos invadem a Terra por ser mais jovem e quente que seu planeta; eles querem acabar com a humanidade para abrir caminho para eles próprios. Em *Under the Skin* [Debaixo da pele] (2000), sutil exploração da visão dos seres humanos por alienígenas escrita por Michel Faber, um extraterrestre que assume a forma de uma jovem atraente sequestra pessoas que pegam carona a fim de comer sua carne como iguaria com outros alienígenas. Em cada um desses clássicos, os seres humanos têm algum valor e significado para os visitantes alienígenas — mesmo que esse valor seja negativo e seu significado, apenas instrumental. Mas e se os visitantes alienígenas do planeta não tivessem qualquer interesse nos seres humanos?

A hipótese é explorada em *Roadside Picnic* [Piquenique à beira da estrada], de Arkady e Boris Strugatsky. Publicado originalmente na União Soviética em 1972 em versão fortemente censurada e mutilada, em uma série de contos, e transformado no filme *Stalker* (1979) por Andrei Tarkovsky, o romance trata de uma Visita alienígena a seis lugares. Posteriormente batizados pelos cientistas de "Bairros Cegos" e "Bairros Infestados", são lugares perigosos em que aparentemente não se aplicam as leis da física. Também contêm artefatos que se transformaram em valioso butim para catadores ("*stalkers*"), caçadores ilegais que arriscam a vida entrando nas Zonas para retirar os objetos e vendê-los. Não se sabe como esses artefatos funcionam — nem o motivo da visita alienígena.

Mas suponhamos que os alienígenas não tivessem um motivo especial para visitar a Terra, deixando para trás apenas resíduos de uma parada casual. Um dos cientistas que estudam as Zonas especula que pode ser este o caso:

> Um piquenique. Imaginem: uma floresta, uma estrada no interior, uma campina. Um carro sai da estrada e entra pelo prado, despejando rapazes, garrafas, cestas de piquenique, garotas, rádios transistores, câmeras [...]. Uma fogueira é acesa, tendas são montadas, começa a tocar música. E pela manhã eles se vão. Os animais, pássaros e insetos que a tudo assistiam horrorizados durante a noite, saem rastejando de seus abrigos. E o que se vê? Óleo derramado, uma poça de gasolina, velas de ignição inutilizadas e filtros de óleo espalhados [...]. Trapos pelo chão, lâmpadas queimadas, alguém deixou cair uma chave inglesa. Os pneus trouxeram lama de algum pântano do fim do mundo [...] e, naturalmente, há também os restos do piquenique, pedaços de maçã, papel de bala, latas, garrafas, o lenço de alguém, o canivete de alguém, jornais velhos rasgados, moedas, flores mortas de outra campina [...].[55]

Entre os artefatos alienígenas há uma vareta negra que gera energia ilimitada para movimentar máquinas, uma "lâmpada da morte" que destrói tudo que tenha vida a seu redor, "pulverizadores" e "agulhas" cuja utilidade não pode ser identificada e uma "esfera dourada" que atende a qualquer desejo. Os "caçadores" que correram risco de morte ao entrar nas Zonas em busca desses artigos não são os predadores que a palavra inglesa *stalker* pode denotar. Boris Strugatsky nos conta que, quando ele e seu irmão escreviam o livro, encontraram a versão russa da palavra em uma tradução pré-revolucionária de *Stalky & Co.*, de Rudyard Kipling (publicado em livro na Inglaterra em 1899), tendo um dos dois encontrado um exemplar em um sebo. Ao usarem a palavra para se referir aos "prospectores" que buscavam objetos de valor nas Zonas, pensavam em alguém "safo [...] um jovem durão e mesmo implacável, mas de modo algum destituído de certa galanteria e generosidade juvenil".[56]

Ao entrar nas Zonas, os *stalkers* buscavam algo que mudasse suas vidas. Os objetos que encontravam não podiam ser usados e muitas vezes eram inexplicáveis. Isso não diminuía seu valor. Muito pelo contrário: exatamente o fato de não poderem ser entendidos é que os tornava tão valiosos. Se eram muito procurados, era por não estarem ao alcance da mente humana.

Para a maioria, a visitação alienígena nada muda. Explica o cientista:

> Hoje sabemos que, para a humanidade como um todo, a Visita transcorreu em grande medida sem deixar traços. Para a humanidade, tudo passa sem deixar traços. Naturalmente, é possível que, colhendo castanhas nessa fogueira, venhamos a nos deparar com algo que torne a vida na Terra absolutamente insuportável [...]. A humanidade como um todo é um sistema por demais estável, nada a perturba.[57]

Até os *stalkers* recuam diante do que os alienígenas deixaram no caminho. No filme de Tarkovsky, cujo roteiro foi escrito pelos irmãos Strugatsky, os visitantes deixaram um Quarto que tem o poder de realizar os mais caros sonhos de qualquer um. Conduzidos por terras desérticas por um *stalker*-guia, um escritor e um professor chegam à antecâmara do Quarto. No caminho, conversam sobre o que querem quando entrarem no Quarto. O escritor confessa que ambiciona um Prêmio Nobel, o professor diz que veio destruir o Quarto porque é perigoso demais para a humanidade, enquanto o guia declara que quer apenas ajudar aqueles que buscam o Quarto. O guia conta sobre um outro *stalker*, que lhe transmitiu tudo que agora sabe sobre o Quarto — um homem chamado Porco-Espinho, que o usou para enriquecer e acabou se enforcando. Ao chegarem ao aposento, o professor resolve que o Quarto não é mais uma ameaça e desmonta o explosivo que trouxe consigo. Os três ficam sentados na antecâmara, e depois de certo tempo começa a pingar chuva do teto. O filme deixa em aberto se o que os alienígenas deixaram para trás pode ter algum significado humano. Talvez o Quarto revele o que os seres humanos mais desejam, e por isso é tão perigoso. Ou talvez esteja vazio. De qualquer maneira, ninguém entra.

O SR. WESTON DEIXA CAIR UM FÓSFORO

"Quase se chega a pensar que no fundo do poço do ser venhamos a encontrar, em vez de um Deus poderoso, apenas o gorro e os sinos de um louco." A ideia de um Deus doido aparece em *Unclay*, a história de John Death [João Morte], mensageiro de Deus enviado para "ceifar" ou "desencorpar" (*unclay*) dois habitantes da aldeia de Dodder. Tendo perdido o pergaminho no qual estavam escritos seus nomes, Morte decide passar o verão na aldeia. Sujeito alegre e devasso, ele passa o tempo em encontros sexuais com mulheres dali e se regozija com sua missão de aliviar o sofrimento da humanidade. "Talvez eu seja uma ilusão", rumina Morte perto do fim de sua estadia. "Mas, real ou não, eu não sou nenhum inimigo do homem."[58]

Publicado em 1931, *Unclay* foi o último romance de T. F. Powys, reunindo muitos dos temas centrais da obra do recluso escritor de Dorset. Profundamente religioso, Theodore Powys viveu sem os consolos da fé. "Não tenho nenhuma crença", escreveu. "Uma crença é um caminho fácil demais para Deus."[59] Quando lhe perguntaram por que ia com frequência à igreja ao lado de seu chalé, ele teria respondido: "Porque é tranquila." Ao morrer, recusou-se a receber a comunhão.

Nascido em 1875, filho de um pastor religioso e com dois outros irmãos que também se tornaram escritores — John Cowper Powys e Llewelyn Powys —, Theodore casou-se com uma moça da cidade e passou a maior parte da vida em uma série de aldeias remotas. Recusando-se a viajar e, depois de alguns anos como agricultor, passando a se dedicar à escrita, ele vivia de uma pequena herança do pai. Sua vida nem sempre foi tão reclusa quanto teria gostado. Com a crescente atenção suscitada por suas histórias entre membros do Grupo de Bloomsbury, ele passou a receber constantes visitas literárias. Durante algum tempo, quase ficou famoso. Hoje, está praticamente esquecido.

A vida no interior descrita por Powys não era nenhum idílio rural. Como figurinhas de uma xilogravura medieval, seus aldeões representam paixões universais e suportam as dores dos seres humanos em geral. Na visão de Powys, nada perdura no mundo humano; mas nada tampouco muda realmente. Era um mundo que ele amava, mas que também queria deixar para trás.

Movido por esses impulsos conflitantes, ele virou a religião ortodoxa de ponta-cabeça. Seja encarada como a vida eterna em outro mundo ou uma saída do tempo para a eternidade, a imortalidade é a ardente esperança dos crentes. Powys, por outro lado, gostava da ideia da mortalidade. Longe de ser o mal supremo, a morte alivia o fardo da vida. Ele considerava que nada poderia ser pior que viver para sempre. Até Deus poderia ansiar pelo esquecimento da morte.

A obra-prima de Powys, *Mr. Weston's Good Wine* [O bom vinho do sr. Weston] (1927), conta a história de um vendedor de vinhos que chega em uma velha e lamacenta van Ford a uma aldeia de Folly Down em uma noite nublada de novembro. Acompanhado de um assistente chamado Michael, o sr. Weston é um sujeito corpulento e baixo, usando sobretudo e tendo por baixo de um gorro de feltro marrom cabelos "brancos como algodão". Foi à aldeia vender seus vinhos. O vendedor ambulante "escrevera um dia um poema em prosa que dividiu em muitos livros", surpreendendo-se ao descobrir "que aquelas mesmas pessoas e aquele lugar que vira em fantasia tinham uma existência real".[60]

Visitando o mundo que criou inadvertidamente, o sr. Weston gostaria de poder participar da breve vida dos seres humanos. Ele levou dois vinhos para oferecer: o leve vinho branco do amor e o escuro tinto da morte. Quando lhe perguntam se ele próprio bebe do vinho tinto, o sr. Weston responde: "Chegará o dia em que espero bebê-lo [...] mas quando eu beber do meu próprio vinho mortal, a empresa acabará."[61] Ele anseia pela morte, a completa extinção de que a religião estabelecida em seu nome prometeu livrar a humanidade.

No fim da história, tendo distribuído seus vinhos na aldeia, ele pede a Michael que o conduza ao alto da colina de Folly Down, onde o motor é desligado e as luzes do carro se apagam. Ele e Michael conversam por algum tempo, mencionando o assistente o "velho inimigo" do sr. Weston. O sr. Weston pergunta então: "Não acha que ele gostaria de voltar a ser uma serpente, uma víbora menor?" Michael responde: "Acho [...] que ele preferiria desaparecer em seu próprio elemento, o fogo." O sr. Weston fica encantado.

— E assim será! — exclamou o sr. Weston. — Pode fazer a gentileza, Michael, de jogar um fósforo aceso no tanque de gasolina?

— E nós? — perguntou Michael.

— Vamos desaparecer na fumaça — respondeu o sr. Weston.

— Muito bem — concordou Michael, com tristeza.

Ele atendeu ao pedido. Em um instante, uma violenta língua de fogo saltou do carro; uma coluna de fumaça se ergueu por cima das chamas, chegando ao céu. O fogo cedeu, foi baixando e morreu.

O sr. Weston se fora.[62]

Mais subversiva em relação à religião estabelecida que qualquer crença humanística do ateísmo contemporâneo, a história de Powys apresenta um Deus cujo desejo mais devoto é deixar de existir. Esse Deus autoaniquilante aparece em um conto publicado por Powys no mesmo ano que *Unclay*. Em "O único penitente", temos a história do reverendo Hayhoe, vigário do interior que convida os paroquianos a procurá-lo para confessar seus pecados. Certo de que ficarão felizes com a oportunidade de se arrepender, ele fica perplexo quando ninguém aparece para se confessar, e começa a duvidar da própria fé. Até que aparece um solitário penitente, um velho louco chamado Jarro de Funileiro, de quem se dizia que, "quando o funileiro não estava caminhando pelas colinas eternas, usava as nuvens de tempestade como carruagem". Humildemente ajoelhado diante do sr. Hayhoe, Jarro de Funileiro diz:

— Eu sou o Único Penitente [...]. Vim lhe confessar o meu pecado.

— Posso lhe dar a absolvição? — perguntou o sr. Hayhoe em voz baixa.

— Pode — respondeu Jarro —, pois só pelo perdão do homem eu posso me salvar.

Jarro baixou a cabeça e confessou seus pecados:

— Eu crucifiquei meu filho [...]. Fui eu que criei todos os terrores da terra, a tortura, a peste, todo desespero, todo tormento [...] toda dor e todo mal foram criados por mim.

O sr. Hayhoe responde lembrando a Jarro de Funileiro a beleza da vida, o amor de uma mulher e a alegria dos que são levados pelo funileiro a dançar em verdes pastagens. O velho não se convence.

— Eu destruo todos os homens com uma espada — disse Jarro. — Eu os jogos no poço, eles se transformam em nada.
— Espere! — gritou o sr. Hayhoe. — Isso é verdade?
— Sim — respondeu Jarro.
— Neste caso, em nome do Homem — disse o sr. Hayhoe com coragem —, eu perdoo seu pecado; perdoo e o livro de todo mal; e o confirmo e fortaleço em todo o bem, e o conduzo à morte eterna.[63]

Se Theodore Powys acreditava em algum Deus — o que cabe duvidar —, não seria o Deus do cristianismo. Demiurgo embaraçado e triste com sua criação, o Deus de Powys vive no remorso de ter criado um mundo que contém tanto sofrimento.

A imagem apresentada por Powys do profeta judeu que viria a ser considerado o fundador do cristianismo é tocada por temas gnósticos. Rebelde contra Deus e renegado pela humanidade, Jesus veio para destruir o que Powys apresentava em um livro anterior, *Soliloquies of a Hermit* [Monólogos de um eremita] (1918), como "nossa velha felicidade, nossa velha Divindade, nossa velha imortalidade".[64]

Jesus diz que devemos esquecer qualquer ideia de imortalidade: ao aceitar nossa extinção, escapamos de um mundo dominado pela morte. Tendo este paradoxo no cerne de sua obra, Powys pode parecer um cristão gnóstico. Mas ele nada diz sobre qualquer *gnosis*. É a velha e paciente Terra que suporta e consola. Nós podemos desaparecer de cena, mas o ciclo de luz e escuridão prossegue.

2. No teatro de marionetes

*Eu vi
o homem alado, e não era nenhum
anjo.*[1]

R. S. Thomas, "A recusa"

TERRAÇOS AJARDINADOS, PENAS E SACRIFÍCIO HUMANO

"Nosso Senhor, o senhor da proximidade, do que está perto, só sabe achar graça. Ele é arbitrário, caprichoso, ele zomba [...]. Ele nos coloca na palma de sua mão; ele nos arredonda. Nós rolamos; como se fôssemos bolas. Ele nos joga de um lado para o outro. Nós o fazemos rir; ele está zombando de nós." Assim os últimos nobres astecas, remanescentes da civilização destruída na incursão do conquistador espanhol Hernán Cortés em seu território em 1519, se referiam a seu deus — cujo espírito acreditavam ter entrado em seu governante terrestre — na *História geral das coisas da Nova Espanha*.[2]

Também conhecida como *Códice florentino*, do nome da cidade onde o manuscrito original é preservado, tendo sido coligida e transcrita trinta anos depois da conquista por um missionário franciscano, a *História geral* apresenta a imagem de um modo de vida que parece radicalmente estranho à mente moderna. Muitos hoje em dia, atribuindo aos astecas necessidades e valores que consideram universais, não são capazes de imaginar uma sociedade em que essas marcas de humanidade estivessem ausentes. Como poderiam os astecas, presos a hierarquias rígidas, deixar de querer escolher o rumo de suas vidas? Vivendo cercados de violência ritualística, como poderiam deixar de sentir repulsa? Se o *Códice* não reflete esses impulsos, só pode ser porque não apresenta os astecas como suficientemente humanos.

Mas pode ser mais interessante optar por uma interpretação alternativa. Se os astecas parecem irreconhecivelmente estranhos à mente moderna, pode ser porque a mente moderna não se reconhece nos astecas. Não somos capazes de entendê-los porque não queremos nos entender.

Inga Clendinnen, estudiosa profundamente perceptiva do modo de vida dos astecas, escreve:

> Os "astecas" ficaram conhecidos em particular por uma atividade: matanças de seres humanos em larga escala, em sacrifícios ritualísticos. Essas matanças não eram acontecimentos remotos, praticados no confinamento das pirâmides. Embora apenas os sacerdotes e os governantes matassem, sua missão carniceira era quase sempre executada ao ar livre, e não só no recinto do templo principal, mas nos templos locais e nas ruas. A população se envolvia na preparação e no atendimento das vítimas, conduzindo-as ao local da morte, e depois no complexo tratamento dos corpos: desmembramento e distribuição de cabeça e membros, carnes, sangue e pele esfolada. Em ocasiões especiais, guerreiros carregando cabaças cheias de sangue humano ou usando no corpo a pele ainda gotejante de seus prisioneiros corriam pelas ruas, para serem recebidos em cerimônias solenes nas habitações; a carne das vítimas fervia em panelas domésticas; fêmures humanos, limpos e secos, eram instalados no pátio das residências — e tudo isso em uma população conhecida por uma organização social de notável ordem e precisão, um comportamento de grave formalidade e grande capacidade de apreciação da beleza.[3]

Os "astecas" eram vários povos diferentes, cada um com características valorizadas como demonstração da respectiva particularidade. Mas a vida na grande cidade lacustre de Tenochtitlán, durante dois séculos capital do

Império Asteca, com uma população maior que a de qualquer cidade espanhola da época da chegada dos conquistadores, expressava uma compreensão do que significa ser humano que era compartilhada pela família mais ampla das comunidades "astecas" ou mexicas. Conferindo um lugar central a impulsos humanos que o pensamento moderno nega, é uma concepção que hoje em dia choca e horroriza.

O que mais impressionou os conquistadores na capital asteca foi a ordem e a limpeza. Habituados à imundície das cidades europeias, alguns soldados se perguntavam se Tenochtitlán não seria um sonho. Ligada à terra por três trilhas elevadas, a cidade era um vasto assentamento, com aquedutos, habitações e ruas meticulosamente planejados. Grandes ou pequenas, suas casas eram claras e elegantes. "Todas as construções eram caiadas e cercadas de canais de regularidade métrica e caminhos sempre limpos."[4] Jardins tinham sido cultivados em terrenos recuperados do lago, enquanto plantas e flores eram cultivadas nos telhados das casas. Centro de uma rede de comércio e impostos, a cidade era rica em metais preciosos. Os muros dos grandes pátios eram decorados, e os sacerdotes produziam lindos livros pintados. Tendo no alto sua Grande Pirâmide, o templo central continha em seu recinto dezenas de piscinas, templos e pirâmides menores.

Hoje, uma cidade assim seria encarada como a própria corporificação da razão humana. Na verdade, esse majestoso assentamento era um artefato da prática da magia. A cidade asteca foi construída para refletir uma cosmogonia sagrada na qual a humanidade vivia no último de cinco mundos, ou "Sóis". Quando o último Sol deixasse de brilhar, a cidade seria destruída. Tenochtitlán protegia dos deuses os que nela viviam, mas só se cuidassem muito bem da cidade. "Pela dedicação na varredura e arrumação das casas dos homens e das casas dos deuses, os borrifos de *pulque* [uma bebida alcoólica] e as pitadas de comida constantemente depositados em oferenda na lareira, assim como as lacerações diárias para extrair o próprio sangue, era possível que as manifestações destrutivas dos Grandes fossem contidas."[5]

Para os astecas, os deuses eram forças de destruição no mundo. Perenemente em risco de ruptura, a ordem era um fino véu estendido sobre o caos. Nenhuma conquista no terreno do conhecimento ou do entendimento poderia livrar a vida humana da desordem primordial.

A crença em um caos subjacente está no cerne da sensibilidade estética admiravelmente delicada dos astecas. Se a ordem era fugaz, também o era a beleza. A transitoriedade era uma marca do que é em última análise real — o oposto de muitas tradições ocidentais em que é o mundo passageiro que carece de substância. Os astecas usavam penas não só como adorno, mas como lembrete da natureza das coisas: como a vida humana, o trabalho de artesanato com penas que tanto apreciavam era essencialmente transitório. O uso ritualístico de flores expressava uma concepção semelhante. Os guerreiros eram instruídos a buscar uma morte "florida", uma voluntária entrega à mortalidade, que era celebrada em versos.[6]

A crença em um caos subjacente alicerçava a ordem em toda a sociedade asteca. A violência do Estado refletia a violência do cosmo e dos deuses. Os astecas não se envergonhavam de transformar a matança em espetáculo. A população se regozijava com "as filas de vítimas arrastadas ou puxadas pelos amplos degraus das pirâmides ao encontro dos sacerdotes [...] festejava nas ruas, para dançar e morrer diante das deidades que representavam [...]. As matanças, grandes ou pequenas, eram frequentes: parte da pulsação da vida."[7]

Práticas assim não podem deixar de causar horror. Um modo de vida baseado na carnificina humana só pode ser uma forma de barbárie. Mas os bárbaros podem ter algo a ensinar aos que se consideram civilizados, e neste caso mostram como são frágeis os pressupostos em que os pensadores ocidentais baseiam suas expectativas de paz. Até mesmo os mais realistas dentre esses pensadores baseiam sua apreciação da ordem na sociedade em uma avaliação da motivação humana que fica muito distante da realidade.

Considere, por exemplo, Thomas Hobbes. Praticamente sinônimo de uma visão dura da vida — "hobbesiano" se tornou adjetivo de uso comum para indicar uma luta brutal pela sobrevivência —, o pensador iluminista do século XVII só pôde organizar suas arrojadas ideias pela exclusão dos seres humanos realmente existentes.

O sistema construído por Hobbes é de uma simplicidade impressionante. Recorrendo o mínimo possível à moral, ele postulava que os seres humanos querem, mais que qualquer outra coisa, evitar a morte violenta. Ante a ameaça de uma morte assim, eles fazem um contrato uns com os outros para instaurar um governante de poderes ilimitados que exija obediência. Essa soberania — um deus mortal, escreve às vezes Hobbes — trará paz à humanidade em guerra: "As Paixões que inclinam os homens para a Paz são o Medo da Morte; o Desejo das coisas necessárias para uma vida confortável; e a Esperança de obtê-las por meio de sua Industriosidade. E a Razão indicou Artigos de Paz convenientes em função dos quais os homens podem ser levados a entrar em acordo."

Sem esse contrato, declarou Hobbes em um trecho famoso do Capítulo 13 de seu livro *Leviatã*,

> não há lugar para a Indústria; pois o fruto disso é incerto; nem consequentemente uma Cultura da Terra, nem Navegação, nem uso dos confortos que podem ser importados pelo Mar; nem Construção confortável; nem Instrumentos para mover e remover coisas que exijam muita força; nem Conhecimento da face da Terra; nem contagem do Tempo; nem Artes; nem Letras; nem Sociedade; e, pior que tudo, medo constante, e risco de morte violenta [...].[8]

Tomada em incomparável prosa inglesa, é uma bela fantasia. Boa parte dos últimos anos da longa vida de Hobbes (ele morreu em 1679 com 91 anos) foi dedicada ao trabalho com a geometria — especialmente a quadratura do círculo. Sua convicção de que os seres humanos reagem à ameaça de morte violenta buscando a paz não é menos quixotesca. Hobbes não deixa claro se considerava que o processo por ele descrito poderia ocorrer de fato. Mas não resta dúvida de que acreditava que suas ideias podiam ter utilidade prática, e manifestou a esperança de que seu livro caísse nas mãos de um príncipe que viesse a aplicar seus ensinamentos.

Mas se a linguagem de Hobbes é maravilhosamente clara, seu pensamento é altamente enganador. As figuras que aparecem em seu sistema não são seres humanos, ainda que simplificados. São homúnculos inventados para superar um problema que os seres humanos não conseguem resolver: conciliar os imperativos da paz com as exigências de suas paixões. Hobbes reconhecia que o orgulho e a busca da glória constituem obstáculos para a ordem. Ainda assim, considerava que, impelida pelo medo da morte, a humanidade seria capaz de abrir mão dos conflitos violentos e construir uma paz duradoura.

A experiência indica que não é bem assim. Em vez de tentar escapar da violência, os seres humanos mais frequentemente se habituam a ela. A história está cheia de longos conflitos — a Guerra dos Trinta Anos na Europa do início do século XVII, o Tempo de Dificuldades na Rússia, as guerras de guerrilha no século XX — em que os massacres constantes passaram a ser considerados normais. Reconhecidamente adaptável, o animal humano rapidamente aprende a conviver com a violência, não demorando a encontrar satisfação nela.

É bem verdade que, quando estão cansados de matar, os seres humanos muitas vezes buscam um tirano para contê-los. Mas nunca é apenas um sonho de ordem que estão buscando. Um tipo mais organizado de derramamento de sangue, com frequência voltado, antes de mais nada, para minorias — judeus, ciganos, gays, imigrantes e outros que pareçam diferentes —, faz parte do sonho. Em vez de passar seus dias em um tedioso tormento sem sentido, os que praticam a perseguição podem se considerar participantes de uma luta entre o bem e o mal.

Incapazes de exorcizar a violência em si mesmos, os seres humanos decidiram santificá-la. Isto — sem desculpas nem remorso — era a solução dos astecas para o problema da ordem. A matança ritualística encarnava a selvageria que faz parte de qualquer tipo de paz entre os seres humanos.

Quando o *tlatoani* — o "Grande Orador" que exercia o poder supremo — morria, indo para o outro mundo, a linhagem no poder escolhia um novo governante entre os adultos do sexo masculino. A bravura na guerra era um critério crucial, mas depois de escolhido o novo governante precisava estar imbuído das qualidades de um deus. Entrando em seu palácio só depois de uma noite orando nu diante de uma imagem do deus Tezcatlipoca — o deus dos guerreiros e feiticeiros, cujo nome, "Espelho Fumegante", remetia aos espelhos de obsidiana feitos com pedras vulcânicas escuras e usados pelos sacerdotes na adivinhação —, o governante encarnava a instabilidade do destino. Também apresentado como "o escarnecedor", Tezcatlipoca foi celebrado em um poema cujo primeiro verso diz: "Eu próprio sou o inimigo."[9] Foi este o deus que entrou no governante eleito. Naquele momento, o novo governante estava possuído, não havendo mais esperança de domar sua selvageria: "quando substituímos alguém, quando escolhemos alguém [...] ele já é nosso senhor, nosso verdugo e nosso inimigo".¹⁰

O contraste com modelos ocidentais de autoridade é flagrante. Hobbes pode ter descrito sua soberania absoluta como um deus mortal, mas era um deus preso aos termos de um acordo: se não mantivesse a paz, podia ser derrubado. Mas e se o governante usasse seu poder absoluto para impedir rebeliões e em seguida se comportasse com a arbitrariedade de um deus? Não era outra coisa que os astecas esperavam. Nenhum deles imaginava que o poder pudesse ser domesticado. Mas tampouco achavam que fosse possível dispensá-lo. Os seres humanos estavam fadados a viver em um mundo no qual seus governantes eram seus inimigos. Mas esses mesmos inimigos asseguravam um tipo de ordem que de outra maneira não seria possível.

Se Hobbes estivesse certo em seu diagnóstico do conflito humano, a vida dos astecas só poderia ser uma anarquia embrutecida, sem arte, indústria nem letras. Mas a realidade era a próspera metrópole que deixou perplexos os invasores espanhóis. Destruída pouco depois da chegada dos conquistadores, a cidade asteca era uma refutação experimental de alguns dos pressupostos mais fundamentais da ética e da política ocidentais modernas.

Nada nos astecas é tão perturbador quanto seu modo de morrer. Muitas razões foram invocadas para explicar sua prática do sacrifício ritualístico. Clendinnen relaciona algumas dessas "explicações grandiosamente simples": "o sacrifício humano como meio de enriquecer uma dieta pobre em proteínas; o sacrifício humano como invenção de uma elite sinistra e cínica, espécie de conta das anfetaminas para o povo; o sacrifício humano como tecnologia, reação dos mexicas à segunda lei da termodinâmica, sendo a apropriação do coração humano quente e pulsante sua tentativa desesperada de substituir a energia perdida no desperdício entrópico". Como ela mesma escreve, qualquer explicação dessa natureza "presume aquilo que mais precisa ser demonstrado".¹¹

Pode ser mais útil examinar o que acontecia. Nenhuma das vítimas era voluntária. Aparentemente, eram sobretudo estranhos, prisioneiros de guerra e escravos recebidos de outras cidades como tributo. Apenas uma categoria de vítimas decididamente vinha da própria comunidade: as criancinhas oferecidas ao deus em determinados momentos do calendário sagrado, e que tinham sido "compradas" de suas mães.[12] Quanto às vítimas adultas, toda uma série de técnicas era utilizada para garantir obediência. Muito provavelmente eram usadas drogas de alteração dos estados mentais, com álcool e práticas de ensaio que contribuíam para embotar o medo. Não se fingia empatia em relação às vítimas. Mas elas tampouco eram vistas como inferiores à espécie humana, como tantas vítimas dos massacres em massa do século XX, nem sacrificadas em nome de uma imaginária geração futura destinada a viver em paz. Pelo contrário, captor e cativo se fundiam em um só.

No cerne dos rituais em torno da matança estava um turvamento do senso de si mesmo. Admirados pelos captores, os guerreiros prisioneiros eram visitados e adornados durante a preparação para a morte. Uma vez morto o prisioneiro — fosse em um combate ritualístico ou decapitado na pedra da morte, no alto da pirâmide do templo —, o captor recebia uma cabaça de sangue, com o qual borrava a boca dos ídolos em toda a cidade. A carne do prisioneiro era então usada pela família do captor em uma refeição ritualística. Mas o próprio captor não participava, dizendo: "Acaso haverei de comer a mim mesmo?".[13]

Tencionando abrandar a rigidez da identidade convencionalmente atribuída ao guerreiro, essas matanças ritualísticas proporcionavam uma ligação com o caos, considerado mais verdadeiro e real. Eliminando os significados com que a mente encobre seu medo, as matanças possibilitavam uma revelação de nua humanidade. Uma vez exposta, a ausência de significado era mais uma vez coberta. Banhada em sangue, a vida podia recomeçar.

No pensamento asteca, os humanos não vêm ao mundo como seres perfeitamente funcionais. Fantoches inacabados dos deuses, eles precisam criar suas próprias identidades — mas não escolhendo quem ou o que serão. Seus "rostos" surgem na interação com um mundo que jamais poderão controlar nem chegar perto de entender.

Nas matanças ritualísticas, nada restava do orgulho humano. Se fossem guerreiros, as vítimas perdiam toda e qualquer posição que tivessem na sociedade. Privadas de suas regalias de guerreiros, elas eram:

amarradas como o veado a ser arrastado pelos degraus da pirâmide acima, com a cabeça pendurada; outras, igualmente amarradas, eram jogadas a se contorcer no fogo [...]. O público devia assistir a um movimento nada fluido de homens, subindo ou tropeçando ou sendo arrastados pelos degraus; e logo agarrados e atirados de volta, enquanto o braço de um sacerdote se levantava e baixava e logo se levantava de novo; os corpos flácidos rolando e ricocheteando pelos flancos da pirâmide [...]. Eles assistindo outra vez enquanto cada cadáver partido e esvaziado era levado ao templo do captor para desmembramento e distribuição: carnes arrancadas dos crânios e fêmures; fragmentos de carne cozidos e comidos; peles humanas com gordura e sangue gotejando esticadas sobre carne viva; coágulos de sangue colhidos para besuntar as paredes do templo.[14]

Devia ser um espetáculo pavoroso — e um mistério para qualquer um que leia a respeito dele hoje em dia. No ritual asteca, conclui Clendinnen, "[os astecas] sabiam que estavam matando seus semelhantes. Era essa humanidade que os definia como vítimas. O gênio mexica [asteca], estendido através da força surpreendente de sua vida cerimonial, era o de uma postura humana dentro das condições desumanas de existência".[15]

Um esplêndido resumo, que no entanto não elimina um certo mal-estar. O caráter estranho do mundo asteca não decorre simplesmente do fato de transformarem a matança em um espetáculo. O mesmo faziam os romanos em seus jogos de gladiadores, mas o faziam em nome do entretenimento. A estranheza dos astecas decorre do fato de que eles matavam para criar significado em suas vidas. Como se, praticando o sacrifício humano, desvendassem algo que foi encoberto em nosso mundo.

A humanidade moderna insiste em que a violência é desumana. Todos afirmam que nada lhes é mais caro que a vida — exceto talvez a liberdade, pela qual dizem alguns que seriam capazes de morrer. Muitos se dispuseram a matar em enorme escala para criar um futuro no qual ninguém venha a morrer vítima de violência. Existem também alguns que se convenceram de que a violência está desaparecendo. Todos dizem que querem acabar com o massacre de seres humanos por outros seres humanos que tem marcado o curso da história.

Os astecas não tinham esse conceito moderno de que as matanças em massa podem trazer a paz universal. Não contemplavam um futuro no qual os seres humanos deixassem de ser violentos. Quando praticavam o sacrifício humano, não era para melhorar o mundo, muito menos para modelar alguma forma superior de ser humano. O objetivo da matança era exatamente o que diziam ser: protegê-los da violência sem sentido inerente a um mundo mergulhado no caos. O fato de o sacrifício humano ser um meio bárbaro de fazer sentido nos fala tanto de nós mesmos quanto deles. Civilização e barbárie não são tipos diferentes de sociedade. São encontrados — entrelaçados — sempre que os seres humanos se juntam.

Se levarmos a sério o mundo asteca — que era, afinal, formado por seres humanos —, enxergaremos o mundo moderno a uma nova luz. Os seres humanos matam uns aos outros — e em certos casos a si mesmos — por inúmeros motivos, mas nenhum deles é mais humano que a tentativa de conferir sentido à vida. Mais que a perda da vida, eles temem a perda de sentido. Muitos preferem a morte a certos modos de sobrevivência, e não poucos optaram por um fim violento.

A esta altura, seria fácil pensar nos jihadistas que cortejam o martírio, mas nem todos aqueles que escolhem um fim violento são crentes religiosos. Os homens-bomba muitas vezes têm motivos pragmáticos: do ponto de vista do custo-benefício, é um método vantajoso em uma guerra assimétrica, podendo apresentar vantagens para as famílias dos homens-bomba. Mas a prática se disseminou porque atende a uma necessidade de significado. Os guerrilheiros tâmeis do Sri Lanka que inventaram o colete-bomba eram discípulos de Lenin, assim como alguns dos homens-bomba do Líbano na década de 1980. Rejeitando qualquer ideia de uma vida após a morte, eles acalentavam a fantasia muito mais absurda de criar um novo mundo.

O fato de os seres humanos serem propensos ao absurdo era reconhecido por Hobbes. Em um delicioso trecho do Capítulo 5 do *Leviatã*, que solapa boa parte das ideias do resto do livro, ele escreve sobre "o privilégio do Absurdo; ao qual nenhum ser vivo está sujeito, exceto o homem".[16] Por absurdo, Hobbes se refere à tendência dos seres humanos de usar palavras sem significado e passar a agir de acordo com elas. Aqui ele apontava para uma característica do animal humano que era ocultada por sua filosofia racionalista. Os seres humanos são os únicos dentre os animais a buscar significado para sua vida matando e morrendo em nome de sonhos sem sentido. Na época moderna, destaca-se entre esses absurdos a ideia de uma nova humanidade.

No século XX, os piores episódios de massacre foram cometidos com o objetivo de refazer a espécie. Se os seguidores de Lenin sonhavam com uma humanidade socialista, os nazistas imaginavam estar propiciando a criação de uma "raça superior". Os governos ocidentais que empreendem guerras para mudar regimes podem aparentemente estar agindo em outro nível, mas os impulsos que os movem não são totalmente diferentes. Os críticos sustentam que os verdadeiros objetivos dessas aventuras são geopolíticos: apropriar-se de petróleo ou alguma outra vantagem estratégica. Não resta dúvida de que a geopolítica desempenha um papel, mas talvez seja mais importante certo tipo de pensamento mágico. Não podendo atender a qualquer objetivo estratégico concretizável, as guerras de mudança de regime são uma tentativa de garantir um lugar na história. Ao intervir em sociedades das quais nada sabem, as elites ocidentais estão antecipando um futuro que julgam prefigurado nelas mesmas — um novo mundo baseado na liberdade, na democracia e nos direitos humanos. Os resultados são claros: Estados fracassados, zonas de anarquia e novas e piores tiranias; entretanto, por se considerarem figuras capazes de alterar a ordem do mundo, nossos dirigentes optam por não ver o que fizeram.

Se os astecas também praticavam um tipo de pensamento mágico, sabiam por outro lado que sua mágica acabaria fracassando. Ao chegarem, os espanhóis não se encaixavam no esquema asteca. Traiçoeiros e covardes, desrespeitavam todos os costumes da guerra, atacando homens desarmados, matando guerreiros em território sagrado, destruindo aldeias inteiras e sequestrando o *tlatoani*. Os invasores espanhóis também levaram a peste — a varíola, que devastou as populações indígenas da região.

Buscando orientar-se pelos presságios, os astecas viram uma luz no céu que mergulhava no lago. Ainda resistindo depois de quatro meses de cerco, eles só se entregaram quando o último *tlatoani* foi capturado ao tentar fugir da cidade. O último dos cinco Sóis deixara de brilhar.

A destruição da cidade foi total. Depois de descrever seus grandes salões, seus pátios, os pomares, as estátuas de pedra e os templos, um dos soldados espanhóis escreveu: "Tudo que eu tinha visto foi derrubado e destruído; nada ficou de pé."[17] Os habitantes que sobreviveram foram escravizados pelos espanhóis. Mulheres e meninos eram marcados no rosto. Apesar de lhe ter sido prometida segurança, o *tlatoani* foi torturado e enforcado. Os guardiões do templo foram entregues à sanha dos cães e mortos.

Não há como saber o que os sacerdotes pensavam na agonia final, mas é possível supor que não se surpreendessem com seu destino.

ESPELHOS ESCUROS, ANJOS OCULTOS E UMA RODA DE ORAÇÕES ALGORÍTMICA

Para certos pensadores avançados, a violência é um modo de atraso. Nas regiões mais modernas do mundo, dizem-nos, a guerra praticamente desapareceu. Uma lixeira de estados semifalidos, carentes dos benefícios das instituições e ideias modernas, o mundo em desenvolvimento ainda pode ser destruído por todo tipo de conflito — étnicos, tribais e sectários. Longe deles, a humanidade seguiu em frente. As grandes potências não sofrem de divisões internas nem se inclinam a entrar em guerra umas com as outras. Com a disseminação da democracia e o aumento da riqueza, esses estados presidem a uma era de paz inédita no mundo. Para os que nele viveram, o século passado pode ter parecido particularmente violento; mas essa é uma avaliação subjetiva, não científica, não muito mais que mera anedota. Em uma avaliação objetiva, o número de vítimas mortas em conflitos violentos diminuía constantemente. Esses números continuam caindo, e há motivos para acreditar que cairão ainda mais. Uma grande mudança está em andamento, não estritamente inevitável, mas ainda assim de enorme força. Depois de muitos séculos de massacres, a humanidade está entrando na era da paz prolongada. Apresentada com impressionante coleção de tabelas e números, essa mensagem tem se revelado popular.[18]

Na verdade, a imagem do declínio da violência talvez não seja exatamente o que parece. As estatísticas apresentadas centram-se basicamente nas mortes em campo de batalha. Se esses números vêm caindo, um dos motivos é o equilíbrio do terror: as armas nucleares até agora impediram uma guerra em escala industrial entre grandes potências. Ao mesmo tempo, as mortes de não combatentes vêm aumentando constantemente. Cerca de um milhão dos dez milhões de mortos da Primeira Guerra Mundial não eram combatentes. Metade dos mais de cinquenta milhões de baixas da Segunda Guerra Mundial e mais de noventa por cento dos milhões que morreram no conflito que tem devastado o Congo há décadas, passando quase despercebido da opinião pública ocidental, pertencem a essa categoria. Mais uma vez, se as grandes potências evitaram conflitos armados diretos desde o fim da Segunda Guerra Mundial, ao mesmo tempo alimentaram suas rivalidades em muitas guerras por procuração. Conflitos coloniais e neocoloniais no Sudeste Asiático, a Guerra da Coreia e a invasão chinesa do Tibete, a guerra britânica de contrainsurgência na Malásia e no Quênia, a fracassada invasão franco-britânica de Suez, a guerra civil angolana, as invasões soviéticas da Hungria, da Tchecoslováquia e do Afeganistão, a Guerra do Vietnã, a Guerra Irã-Iraque, o envolvimento norte-americano no genocídio de povos indígenas na Guatemala, a primeira Guerra do Golfo, as intervenções veladas nos Bálcãs e no Cáucaso, a invasão do Iraque, os bombardeios aéreos na Líbia, a ajuda militar a insurgentes na Síria, a guerra por procuração que vem sendo travada contra um pano de fundo de divisões étnicas na Ucrânia — são apenas alguns dos contextos em que as grandes potências têm se envolvido em constantes atos de guerra, ao mesmo tempo evitando entrar em conflito direto umas com as outras.

A guerra mudou, mas não se tornou menos destrutiva. Não mais uma competição entre Estados bem organizados que a certa altura podem negociar a paz, ela já é mais frequentemente um conflito de muitos lados entre beligerantes irregulares armados, em Estados quebrados ou em colapso, e que ninguém tem poder de encerrar. O feroz e aparentemente interminável conflito na Síria — caracterizado pelo emprego metódico da fome e a destruição sistemática de ambientes urbanos, paralelamente a constantes massacres sectários — parece indicar um novo tipo de guerra não convencional.

Entre outras baixas, as estatísticas dos campos de batalha ignoram as vítimas do terror de Estado. Com a ampliação do conhecimento histórico, tornou-se nítido que o "Holocausto à bala" — os fuzilamentos em massa de judeus em países ocupados pelos nazistas, sobretudo a União Soviética, durante a Segunda Guerra Mundial — foi cometido em escala ainda mais ampla do que se imaginava. A coletivização agrícola soviética gerou milhões de mortes previsíveis, sobretudo em consequência da fome, mas também desempenharam um papel para essa situação a deportação para regiões inabitáveis, as condições de vida sub-humanas no gulag e operações de estilo militar contra aldeias recalcitrantes. Estima-se que as baixas causadas pela repressão interna do regime de Mao em tempos de paz chegaram a algo em torno de setenta milhões. Não parece claro como todas essas mortes se encaixam no esquema geral de declínio da violência.

As estimativas numéricas envolvem complexas questões de causa e efeito, que nem sempre podem ser separadas dos julgamentos morais. Existem muitos tipos de força letal que não levam à morte imediata. As vítimas mortais de fome ou doença durante uma guerra ou logo depois são contadas como baixas? Os refugiados que têm suas vidas abreviadas pelo sofrimento aparecem na contagem? As vítimas de tortura constam do cálculo quando morrem anos depois em consequência dos danos físicos ou mentais então infligidos? Os bebês que têm morte dolorosa e prematura em virtude de exposição ao Agente Laranja ou a urânio empobrecido encontram lugar na lista de vítimas? Quando mulheres estupradas como parte de uma estratégia militar de violência sexual morrem antes da hora, suas mortes aparecem nas tabelas estatísticas?

Embora a aparente exatidão das estatísticas que mostram um declínio da violência tenha seu encanto, o custo humano da guerra pode ser incalculável. Nem todas as mortes por violência são iguais. Pode ser terrível morrer como recruta nas trincheiras ou durante um bombardeio aéreo. Mas é pior ser morto em uma campanha sistemática de extermínio. Mesmo entre os piores tipos de violência existem diferenças qualitativas. Morrer de excesso de trabalho, espancamento ou frio em um campo de trabalhos forçados, sem que seus entes queridos tomem conhecimento pode ser um mal maior que a morte em um campo de batalha. É pior ainda ser confinado em um campo como o de Treblinka, que existiu exclusivamente para matar. Ignorando essas distinções, as estatísticas apresentadas pelos que comemoram a paz prolongada são moralmente dúbias, senão carentes de sentido.

O caráter altamente contingente dos números é outro motivo para não levá-los muito a sério.[19] Se a socialista revolucionária Fanya Kaplan tivesse conseguido assassinar Lenin quando duas das três balas por ela disparadas entraram em seu corpo em agosto de 1918, ainda assim a violência teria devastado a Rússia durante alguns anos; mas o Estado soviético talvez não tivesse sobrevivido, e a máquina mortífera que viria a ser montada por Lenin não teria sido usada por Stalin para massacres em escala ainda maior. Se um líder de guerra resoluto não tivesse inesperadamente chegado ao poder na Grã-Bretanha, em maio de 1940, a Europa muito provavelmente teria permanecido sob domínio nazista durante décadas, senão gerações — período em que poderia aplicar mais plenamente seus planos de purificação racial e genocídio. Se a crise dos mísseis em Cuba não tivesse sido desarmada por um indivíduo corajoso — um membro da tripulação de um submarino soviético que recusou ordens do seu capitão de lançar um torpedo nuclear —, uma guerra nuclear poderia ter ocorrido, provocando uma quantidade colossal de baixas.[20]

Há algo repugnante na ideia de que uma situação endêmica de guerra em Estados pequenos e fracos decorra de seu atraso. Arrasando algumas das civilizações mais refinadas que já existiram, as guerras que devastaram o Sudeste Asiático durante a Segunda Guerra Mundial e nas décadas subsequentes foram obra de potências coloniais. Uma das causas do genocídio em Ruanda em 1994 foi a segregação da população por iniciativa do imperialismo alemão e belga. A guerra no Congo tem sido alimentada pela demanda ocidental de recursos naturais. Se a violência diminuiu em sociedades avançadas, um dos motivos pode ter sido que elas a exportaram. Mais uma vez, a ideia de que a violência esteja declinando nos países mais desenvolvidos é questionável. Pelos padrões aceitos, os Estados Unidos são a sociedade mais avançada do mundo. Também têm o mais alto índice de encarceramento, bem à frente do Zimbábue de Mugabe. Cerca de um quarto de todos os presos do mundo estão em cadeias norte-americanas, muitos por períodos excepcionalmente longos. O estado da Louisiana encarcera sua população *per capita* mais que qualquer outro país do mundo — três vezes mais que o Irã, por exemplo. Uma quantidade desproporcional da enorme população carcerária norte-americana é de negros, muitos presos são mentalmente doentes e é crescente o número de idosos e enfermos. Nos Estados Unidos, o fato de estar preso envolve constante risco de violência por parte de outros presos, inclusive a ameaça endêmica de estupro, além de meses ou anos passados em confinamento solitário — pena que tem sido considerada um modo de tortura. Além do encarceramento em massa, a tortura parece uma parte integrante do funcionamento do Estado mais avançado do mundo. Não deve ser acidental o fato de a prática ser usada com frequência nas operações especiais que em muitos contextos substituíram a guerra tradicional. A ampliação das operações de contraterrorismo, que passaram a incluir o assassinato a cargo de mercenários não identificados e as matanças por controle remoto com a utilização de drones faz parte dessa mudança.

As mortes em campo de batalha diminuíram e podem continuar a diminuir. De um determinado ponto de vista, isso pode ser considerado um avanço para a paz. De outro ângulo, levando em conta a variedade e a intensidade no emprego da violência, a paz prolongada pode ser descrita como uma condição de guerra perpétua.

É óbvio que se trata de ninharias. Essa conversa de terrorismo de Estado e guerras por procuração, encarceramento em massa e tortura só serve para confundir, enquanto questionar as estatísticas não faz sentido. É verdade que os números são confusos, deixando de levar em consideração uma enorme quantidade de baixas. Mas a importância humana desses números decorre de sua opacidade. Como os espelhos de obsidiana dos astecas, feitos com pedras vulcânicas e usados na adivinhação, essas fileiras de gráficos e números contêm imagens nebulosas de um futuro desconhecido — visões que por sua própria falta de clareza são capazes de reconfortar crentes ansiosos quanto à capacidade humana de autoaperfeiçoamento.

Levado para a Europa depois da conquista e da destruição dos astecas pelos espanhóis, um desses espelhos foi usado como "bola de cristal" pelo matemático, navegador e mago elizabetano dr. John Dee (1527-1608/9). Em seu festejado estudo *The Rosicrucian Enlightenment* [O Iluminismo rosa-cruz], publicado originalmente em 1972, Frances Yates refere-se a Dee como "uma figura típica dos magos renascentistas tardios que combinavam 'Magia, Cabala e Alquimia' para alcançar uma visão de mundo em que o avanço da ciência estranhamente se associava à angelologia".[21] Apresentado pela rainha Elizabeth como "meu filósofo", Dee atuava como assessor da corte e "homem de inteligência", ou espião. Viajando muito pela Europa, aprofundava seu interesse pela ciência e pela filosofia hermética paralelamente a suas outras missões.

A fama de Dee decorria de seus supostos poderes ocultos. Trabalhando com uma bola de cristal, ele dizia enxergar "anjos" apontando para letras e símbolos, que então transcrevia. Segundo Dee, o arcanjo Miguel apareceu em uma dessas sessões com uma mensagem sobre a relação entre poderes divinos e terrestres. Ordenando que Dee registrasse o que estava para ver, o anjo apresentou complexas tabelas, cada uma delas contendo listas de números e letras que, juntos, continham a revelação de uma futura ordem global baseada em princípios divinos. Dee copiou as tabelas em seu caderno, e então a bola de cristal se calou.

Na biografia de Dee, Benjamin Woolley escreve que, mais que praticamente qualquer outro em sua época, Dee se deu conta do impacto que a revolução científica teria no sentido de deslocar a humanidade do centro das coisas. Ele:

> vira com os próprios olhos o mundo transbordar dos limites do mapa e o universo explodir da própria casca. E assim como o cosmo se estendera ao infinito, Dee vira simultaneamente reduzida nele sua posição e a de todo mundo. Pela primeira vez em mais de mil anos, qualquer um que tivesse conhecimento para ver (e ainda eram muito poucos) contemplava um universo que não mais girava em torno do mundo, e um mundo que não mais girava em torno dos seres humanos.[22]

O papel das crenças ocultas na época de Dee era peculiarmente moderno. A ciência então emergente da astronomia reforçava a magia como um modo de assegurar a primazia humana no mundo. Como tantos outros no fim do Renascimento, Dee precisava se certificar da perene importância da ação humana. Oferecendo uma visão do futuro em suas tabelas de letras e números, os anjos confirmavam que os seres humanos ainda ocupavam um lugar central no cosmo.

Cinco séculos depois, ainda são muitos os que precisam se certificar da própria importância no mundo. Os astecas e os elizabetanos contemplavam seus espelhos para distinguir o perigo. Hoje, os que espiam o futuro querem apenas alívio da ansiedade. Incapazes de encarar a perspectiva de que os ciclos de guerra continuarão, estão desesperados por encontrar um padrão de aperfeiçoamento na história. Não deixa de ser natural que aqueles que acreditam na razão, carecendo de qualquer fé mais profunda e fracos demais para tolerar a dúvida, se voltem para a feitiçaria dos números. Felizmente, há quem se disponha a ajudá-los. Assim como o mago elizabetano transcrevia tabelas mostradas pelos anjos, a bola de cristal científica moderna decifra presságios de anjos ocultos em nós mesmos.

Socorrer os espiritualmente necessitados é uma vocação admirável. Ninguém nega o engenho intelectual e a paixão humanística necessários no caso. Ainda assim, sempre há espaço para aperfeiçoamento. Sejam impressos em papel ou arquivados em um leitor eletrônico, os livros não podem proporcionar aos mais esclarecidos dentre nós aquilo de que mais precisam: uma sensação instantaneamente disponível de um significado recém-criado. Só novas invenções podem atender às necessidades modernas. Ao mesmo tempo, é possível encontrar inspiração em tecnologias mais primitivas.

Um cilindro giratório de metal contendo um texto sagrado, a roda de oração tibetana é posta em movimento pela ação da mão humana. O resultado é um tipo de oração automatizado, que o devoto julga capaz de garantir boa fortuna e uma perspectiva de libertação do ciclo de nascimento e morte. O sistema de crenças a que serve a roda de oração pode ter certo charme arcaico, mostrando os textos sagrados com uma sutileza dialética raramente encontrada na filosofia ocidental. Mas parece claro a qualquer mente moderna que a prática decididamente nada tem de científica. Muito melhor, então, desenvolver uma roda de oração de última geração — um dispositivo eletrônico contendo textos inspiradores sobre o progresso da humanidade, movido por algoritmos que mostram que esse progresso de fato está em andamento.

Ao contrário da roda de oração fora de moda, esse dispositivo seria baseado nos mais avançados conhecimentos científicos disponíveis, inclusive muitos dados de informática demonstrando o declínio da violência. Concebido como um amuleto ou talismã para ser usado a qualquer momento, ele seria capaz de processar e fornecer instantaneamente estatísticas que nunca deixam de mostrar o aperfeiçoamento de longo prazo do mundo humano.

Em caso de algum tipo de retrocesso, seria apenas uma pausa temporária na marcha avante da espécie. E, sobretudo, o dispositivo seria totalmente interativo. Para alijar quaisquer sentimentos de dúvida, ele poderia ser programado para transmitir a intervalos regulares uma versão sonora dos dados. O usuário poderia recitar as estatísticas em voz alta, e, pela constante repetição, eliminar da mente todo pensamento perturbador.

Haverá quem objete que não é possível manufaturar significado e então programá-lo dessa maneira em nossa mente. O significado se apresenta em percepções, dirão esses reacionários — a sombra que lembra da mortalidade; a paisagem que se descortina inesperadamente, revelando uma beleza insuspeitada; o breve olhar que abre uma nova página. Tais objeções de nada adiantarão. Não é possível deter o avanço do conhecimento, do mesmo modo como não se pode impedir indefinidamente o desejo de aperfeiçoamento. Um tablet de última geração, constantemente gerando significado a partir de números, tornará obsoletos os espelhos escuros e as rodas de oração do passado.

REDUNDÂNCIA HUMANA E A ECONOMIA DO CIBORGUE

Os pioneiros da moderna robótica, Norbert Wiener e John von Neumann, participaram do Projeto Manhattan, que criou a bomba atômica. Wiener é reconhecido como o criador da cibernética, enquanto Neumann é creditado como principal progenitor da teoria matemática dos jogos. Ambos tinham plena consciência de que a ciência que desenvolviam abriria possibilidades que se estenderiam muito além da luta contra o nazismo. Escrevendo em 1954, Wiener ponderava a respeito do poder que os seres humanos estavam adquirindo com aquele novo conhecimento:

[Os seres humanos estão] em um jogo contra o arqui-inimigo, a desorganização. Esse demônio seria maniqueísta ou agostiniano? Seria uma força contrária oposta à ordem ou a própria ausência de ordem? A diferença entre esses dois tipos de demônios ficará evidente na tática a ser usada contra eles. O demônio maniqueísta está, como qualquer opositor, decidido a conquistar a vitória, e usará qualquer ardil de habilidade ou dissimulação para alcançá-la. Em especial, manterá em segredo sua política de semear a confusão, e se dermos algum sinal de começar a descobrir essa política, haverá de mudá-la, para nos manter no escuro. Por outro lado, o demônio agostiniano, que não é uma força em si mesmo, mas a medida de nossa fraqueza, pode precisar de todos os nossos recursos para ser descoberto, mas quando o descobrirmos, o teremos de certa maneira exorcizado [...].[23]

Para Wiener, a ciência era um jogo contra a natureza. Saber se a natureza era um demiurgo maligno ou mera ausência de ordem já era algo que ficava em aberto. Mesmo neste último caso a natureza ostenta um tipo de inteligência, e não há motivos para descartar a possibilidade de que as máquinas também o façam. Se a natureza era capaz de produzir máquinas inteligentes em forma de espécie humana, o processo da evolução teria prosseguimento entre as máquinas.

Em 1964, Wiener contemplou um processo assim:

O homem faz o homem à sua própria imagem. Isso parece ser o eco ou protótipo do ato de criação pelo qual Deus supostamente teria feito o homem [...]. Qual é a imagem de uma máquina?

Poderia essa imagem, tal como corporificada em uma máquina, fazer com que uma máquina genérica, ainda não dotada de identidade específica e particular, reproduzisse a máquina original, fosse em termos absolutos ou com alguma mudança que pudesse ser desenvolvida como uma variação?[24]

Seria possível um jogo entre seres humanos e máquinas que tivesse como efeito deixar as máquinas além da compreensão de seus inventores humanos? Poderia o processo de desenvolvimento de novos tipos de máquinas tornar-se tão misterioso quanto o ato da criação na religião? Wiener considerava que a resposta a essas perguntas era "Sim", e a mesma perspectiva também foi contemplada por Neumann:

Não é improvável que, se alguém tivesse de construir um autômato agora, não haveria de planejá-lo diretamente, mas com base em certos princípios gerais que lhe dizem respeito, usando ainda uma máquina que os pusesse em prática e vindo a construir a versão final do autômato de tal maneira que não mais soubesse o que seria esse autômato.[25]

Pelo fim da vida, Neumann viria a se preocupar com as relações dos computadores com a mente humana. Um manuscrito inacabado, publicado postumamente como *The Computer and the Human Brain* [O computador e o cérebro humano] (1958), explorava semelhanças e diferenças entre ambos. Em um prefácio à terceira edição do livro, Ray Kurzweil escreve que Neumann "define a equivalência essencial do cérebro humano e de um computador". Declara ele: "A inteligência artificial [...] em última análise vai superar o pensamento humano não aprimorado." Kurzweil nada receia em relação a essa perspectiva: "o objetivo desse esforço não é nos substituir, mas expandir o alcance do que já é uma civilização humano-maquinal".[26] Não parece óbvio por que Kurzweil tem tanta certeza de que o propósito humano vai prevalecer.

Os pioneiros da robótica eram mais céticos. Wiener e Neumann contemplavam situações que seriam criadas quando máquinas pensantes deixassem de ser controláveis ou compreensíveis por seus criadores. Implicitamente, reconheciam que as máquinas se desenvolveriam por seleção natural — um processo sem propósito nem direção. Com o tempo, os seres humanos poderiam ser substituídos por máquinas pensantes criadas por eles mesmos. O resultado do progresso no conhecimento e na invenção humanos poderia perfeitamente ser a redundância humana.

Kurzweil e outros cientistas futuristas celebram o avanço do conhecimento como fator de aprimoramento do poder humano. Ao controlar os processos naturais, pensam eles, os seres humanos podem adquirir o domínio do planeta e até do universo. Não lhes ocorre investigar quem ou o que vai exercer esse domínio. Sonhando com uma espécie mais plenamente autoconsciente, eles estão tentando criar outra versão da humanidade — uma que reflita a imagem lisonjeira que têm de si mesmos como seres racionais.

Os ícones da crença dominante na ciência vieram ao mundo como resultado dos imperativos da guerra. Emergindo no fim da Segunda Guerra Mundial e se desenvolvendo na Guerra Fria que se seguiu, as novas tecnologias da robótica e da inteligência artificial eram ferramentas de conflito humano. Durante a Segunda Guerra Mundial, Wiener sugeriu a criação de fundos para pesquisas sobre computadores como parte de um projeto de controle de armas automáticas — um dos primeiros exemplos daquela que seria uma constante interação entre a guerra e a ascensão das máquinas controladas por computadores. Mais tarde, o trabalho de Neumann em teoria dos jogos foi usado para enfrentar os dilemas estratégicos resultantes da aquisição de armas nucleares pela União Soviética.[27]

Não demorou muito para que as novas ciências escapassem ao que Philip Mirowski denominou, em seu estudo sobre o papel que exerceram na economia, seu "incubador militar". Teorias da computação, da informação e dos sistemas dinâmicos, até então confinadas à engenharia e às ciências físicas, foram aplicadas ao mundo humano. Chegou-se a acreditar que a sociedade podia ser entendida usando os mesmos métodos empregados para entender as máquinas, e a partir daí não custava muito pensar que a sociedade na verdade é um tipo de máquina. Durante tanto tempo seduzidos pela ideia de um modelo matemático do comportamento humano, os economistas ficaram encantados com a perspectiva.

Mirowski escreve a respeito da disseminação do pensamento cibernético na economia nas décadas posteriores à Segunda Guerra Mundial: "Se havia um princípio fundamental da especial fé na ciência dessa época era que o rigor lógico e a linguagem de expressão matemática produziriam um acordo transparente quanto ao significado e à importância de vários modelos e suas implicações."[28] O que a cibernética oferecia à economia não era apenas a capacidade de prever e controlar — embora isto certamente fizesse parte do apelo da nova ciência —, mas a possibilidade de entender o comportamento humano em termos não humanos. Se a economia podia ser modelada como uma máquina, os valores e significados trazidos ao mercado pelos seres humanos podiam ser descartados. Tivessem consciência disso ou não, os atores humanos eram acidentais na operação de um sistema mais racional do que eles jamais poderiam ser. A economia se transformava em um computador no qual o discernimento humano era supérfluo.

Curiosamente, embora talvez não surpreendentemente, essa visão do mercado atraiu algumas pessoas que eram entusiastas do planejamento econômico central. Uma delas escreveu: "Pensando bem, não é tão grande assim a distância entre quadro comunista e engenheiro de informática. Posso ter entrado para o partido para promover a justiça social, mas poderia ter sentido atração mais profunda por um processo, um sistema, um programa. Estou inclinada a pensar que sempre acreditei na máquina."[29] Tanto para os ex-comunistas quanto para os que nunca haviam questionado o livre mercado, a ideia de que a economia era uma máquina altamente sofisticada era irresistível. O trabalho humano continuaria sendo necessário. Entretanto, com suas paixões inconstantes e seus anseios irracionais, os seres humanos eram obstáculos para o funcionamento eficiente da máquina.

Algumas décadas depois, já não está claro que a máquina precise de grandes contribuições do trabalho humano. Muitos observaram que a internet acabou com certas indústrias e alterou fundamentalmente outras. À medida que os serviços bancários, a alocação de capitais nos mercados, os diagnósticos médicos e muitas funções de gerência são automatizados, setores inteiros da ocupação profissional parecem a ponto de serem alijados do mapa. Não são apenas os superiores poderes da computação que eliminam esses empregos. O desenvolvimento da capacidade de reconhecimento de padrões está tomando o lugar do discernimento humano.

O trabalho não especializado está sendo automatizado, enquanto muitas funções consideradas dependentes de contato humano não mais o serão. Robôs enfermeiras e professores, trabalhadores do sexo e soldados deixam de ser mera especulação da ficção científica. Se esses sucedâneos do trabalho humano ainda não são factíveis, é provável que logo venham a ser. Carros sem motorista e telefones que interagem com a voz humana estão na linha de frente de uma tendência que avança com rapidez. Ocupações que pareciam seguras porque exigiam certo nível de habilidade ou educação já não são mais assim consideradas.

Não há motivo para esperar que a inovação tecnológica cesse ou perca velocidade. Como somos lembrados a todo momento, o avanço do conhecimento agora é um processo exponencial. Alguns acreditam que em breve os computadores passarão no teste de Turing — o nome veio do grande matemático que desempenhou um papel vital no rompimento dos códigos alemães em Bletchley Park* durante a Segunda Guerra Mundial[30] —, evidenciando comportamentos inteligentes impossíveis de distinguir do comportamento dos seres humanos. Kurzweil pode estar certo em sua previsão de que, dentro de uma década aproximadamente, os computadores estarão brincando e flertando com seus usuários.[31]

Os economistas podem objetar que no passado a inovação tecnológica não reduziu o emprego em caráter permanente — enquanto velhas ocupações desapareciam, outras surgiam. Mas as tecnologias robóticas não têm paralelo em seu alcance e dimensão. Se uma explosão anterior de avanço tecnológico deixou para trás uma subclasse, o lumpemproletariado, a atual onda parece destinada a criar uma lumpemburguesia. Sem qualquer perspectiva de uma carreira para toda a vida, carentes de pensões ou poupança, as antigas classes médias podem esperar uma vida de insegurança e precariedade no futuro previsível. Alguns podem ser capazes de recriar os ornamentos do privilégio eduardiano, mas, para a maioria, qualquer coisa parecida com uma vida burguesa em breve será algo tão remoto quanto o feudalismo.

A tendência inerente a essa onda de inovação tecnológica aparentemente é tornar a maioria humana supérflua no processo de produção. Em um futuro mais remoto contemplado pelos tecnoentusiastas, a redundância humana poderia ser ainda mais completa. Não há a menor hipótese de nem mesmo uma pequena elite ser capaz de acompanhar o desenvolvimento da inteligência artificial. A longo prazo, a única medida racional será reconstruir os seres humanos restantes de modo a se assemelharem mais às máquinas. Uma espécie tecnologicamente aprimorada vai então aderir ao avanço evolutivo em andamento. Quanto aos remanescentes deixados para trás, a obsolescência humana faz parte do progresso.

---

* Instalação militar secreta inglesa, ao norte de Londres, onde se realizavam os trabalhos de decifração dos códigos de guerra alemães. [N. do T.]

UMA MONTANHA DE FERRO E UM ESPETÁCULO CAMBIANTE

Um visionário estudo publicado originalmente em 1967 apresentava um novo paradigma da ordem social: "A guerra não é, como se costuma considerar, basicamente um instrumento estratégico usado pelas nações para estender ou defender seus valores políticos ou seus interesses econômicos. Pelo contrário, é ela própria a principal base de organização sobre a qual se constroem todas as sociedades modernas."[32] O estudo reconhecia um fato ignorado nas principais correntes de pensamento: a constante ameaça de guerra é uma das características essenciais do Estado moderno. "Os registros históricos", observa, "revelam caso após caso em que a incapacidade de um regime de manter a credibilidade de uma ameaça de guerra levou a sua dissolução [...]. A organização de uma sociedade para a possibilidade de guerra é seu principal fator de estabilização política."

Mas nem só a autoridade política exige a ameaça de guerra. O mesmo se aplica à organização da sociedade como um todo:

> Nas modernas sociedades democráticas avançadas, o sistema da guerra tem proporcionado aos dirigentes políticos uma outra função político-econômica de crescente importância: ele tem funcionado como a última grande salvaguarda contra a eliminação de classes sociais necessárias. À medida que a produtividade econômica aumenta a níveis cada vez mais acima do mínimo da subsistência, torna-se mais difícil para uma sociedade manter os padrões de distribuição garantindo a existência de "lenhadores e coletores de água". Os novos avanços da automação deverão estabelecer diferenciação ainda mais nítida entre os trabalhadores "superiores" e o que Ricardo chamava de "subalternos", ao mesmo tempo agravando o problema da preservação do suprimento de trabalho não especializado.[33]

Os problemas de autoridade política e estabilidade social identificados pelo estudo na década de 1960 são mais urgentes hoje. Como é possível manter a ordem quando os trabalhadores "superiores" compreendem apenas uma pequena parte da população, e boa parte dela é formada por "subalternos" que prestam serviços não mais necessários? Como poderia ser sustentável uma sociedade na qual a maioria não tem um papel produtivo?

Depois de detalhar as funções sociais e políticas essenciais garantidas pela guerra no passado, a análise conclui com algumas sugestões para os dirigentes políticos:

— níveis ideais de produção de armas, com finalidades de controle econômico, em toda uma série de pontos cronológicos e qualquer que seja a relação entre produção civil e padrões de consumo;
— fatores de correlação entre as políticas de alistamento militar e a dissidência social mensurável;
— níveis mínimos de eliminação populacional necessários para manter a credibilidade da ameaça de guerra em diferentes condições políticas;
— frequência cíclica de guerras "de disparo" ideal sob diferentes circunstâncias de relacionamento histórico.[34]

Atribuído a um "Grupo Especial de Estudos" ligado ao Pentágono e à Casa Branca, o *Relatório da Montanha de Ferro* tornou-se um grande sucesso. Alguns leitores podem ter ficado horrorizados, mas a maioria ficou intrigada. Aparentemente revelando um tipo de pensamento que prevalecia nos mais recônditos recessos do *establishment* da defesa, a análise "realista" apresentada no relatório ainda reverberava décadas depois.

Nos anos 1980, um grupo de extrema direita distribuiu milhares de exemplares sem autorização dos detentores dos direitos. Quando o autor processou o grupo, este defendeu-se alegando que o livro era um documento governamental, portanto não estava sujeito a direitos autorais. Na década seguinte, o relatório era usado pela Milícia de Michigan e outros grupos armados da extrema direita norte-americana como "uma espécie de bíblia". Fletcher Prouty, ex-chefe de Operações Especiais na presidência Kennedy, que acreditava que o assassinato do presidente fazia parte de um golpe de Estado e ficou famoso como inspiração para o personagem "Mr. X" no filme *JFK — a pergunta que não quer calar* (1991), de Oliver Stone, declarou que o relatório era "o que interessa", e parece ter mantido esse ponto de vista até morrer, em 2001.

O *Relatório da Montanha de Ferro* era, naturalmente, uma farsa. Em 1972, o escritor Leonard C. Lewin se identificou como autor no *New York Times*.[35] Imitando o estilo carregado de jargão dos think-tanks e das agências governamentais, Lewin conseguiu convencer muitos leitores da existência de seu "Grupo Especial de Estudos". Alguns desses leitores se dispuseram a agir como se o grupo e seus planos fossem reais. Como a misteriosa enciclopédia que descreve o planeta alternativo de "*Tlön, Uqbar, Orbis Tertius*", de Borges, a ficção de Lewin passou a fazer parte do mundo real.

Embora a intenção fosse de sátira, o relatório pode ser lido como uma profecia. Na verdade, a imagem de uma cabala interna de pensadores estratégicos dirigindo os rumos do governo não tem qualquer semelhança com a realidade. Devastados por conflitos internos, pautados em impressões nada confiáveis sobre preferências públicas voláteis e nebulosas, agarrando-se a sucessivas modas passageiras, os governos modernos muitas vezes não têm uma imagem clara do que estão fazendo, muito menos das consequências involuntárias de seus atos. O mais provável é que nada parecido com o Grupo Especial de Estudos tenha ao menos existido. E se existiu, não tinha influência nos acontecimentos. Mas algo parecido com o estado de coisas descrito no relatório poderia ter surgido por um processo de mudança evolutiva.

A guerra já não tem algumas das funções identificadas no relatório. Os grandes exércitos de recrutas foram abolidos em praticamente todos os países avançados, e os drones vêm reduzindo ainda mais a necessidade de soldados humanos. Por outro lado, as funções econômicas da guerra mudaram desde a redação do relatório. Embora as instituições dedicadas à inteligência e à vigilância estejam em expansão, o complexo industrial-militar já não tem o caráter central que teve um dia. O governo Reagan pode ter tentado uma versão do "keynesianismo militar" — o estímulo da atividade econômica pelo aumento dos gastos com defesa. Entretanto, com o encolhimento do setor da defesa, a guerra já não gera esses benefícios.

O papel da guerra nas sociedades avançadas agora é outro. O noticiário eletrônico emitido vinte e quatro horas por dia gera um estado crônico de ansiedade de baixa intensidade, paralelamente a uma sensação tranquilizadora de segurança. Moldando uma percepção do mundo como endemicamente perigoso, uma paisagem de terror pode ser projetada em qualquer lugar pelas telas de televisão, laptops e dispositivos móveis. Essa paisagem enquadra a visão do mundo, enquanto seus habitantes são enfeixados em uma zona de segurança. Mais que de qualquer outro fator, a estabilidade das sociedades avançadas depende da moldagem das percepções pelos meios de comunicação.

No mesmo ano do surgimento do *Relatório da Montanha de Ferro*, foi publicado na França *A sociedade do espetáculo*, de Guy Debord. Reunindo elementos do surrealismo, do marxismo e do anarquismo, o livro causou forte impressão na época da rebelião estudantil na Europa e nos Estados Unidos. Boa parte da análise de Debord era uma reformulação de ideias conhecidas e desacreditadas. Não há nenhum interesse em suas fantasias de revolução ou no esquema marxista que ele usa para apoiá-los.

Mas em um aspecto fundamental Debord estava à frente de sua época. O cerne do capitalismo avançado, afirmava, era a criação de um espetáculo pelo qual são mediadas as relações sociais. Mais que apenas gerar imagens, o espetáculo atribui papéis e ambições à população. Com o desenvolvimento do capitalismo, a divisão do trabalho na sociedade tornou-se mais fluida. Ninguém pode estar certo de ter algum tipo específico de emprego, e a ideia de que o trabalho possa ser um meio de autorrealização torna-se cada vez mais irreal. Em tais circunstâncias, torna-se necessário voltar a motivar a população. Com a automação avançando rapidamente, pode haver uma necessidade menor de seres humanos no processo produtivo. É a necessidade de continuar consumindo que é central para a economia. Donde a cultura da celebridade, que, oferecendo quinze minutos de fama a todo mundo, a todos concilia com o tédio que terão de passar pelo resto da vida.

Escreve Debord:

> É em tais condições que subitamente se manifesta um fim paródico da divisão do trabalho, com alegria carnavalesca [...]. Um financista pode ser um cantor, um advogado, um espião da polícia, um padeiro pode ostentar seu gosto literário, um ator pode ser presidente, um chef pode filosofar sobre técnicas de cozinha como se fossem marcos da história universal. Todo mundo pode aderir ao espetáculo, para adotar publicamente, ou às vezes praticar secretamente, uma atividade totalmente diferente de qualquer especialidade que de

início tenha feito seu nome. Quando o "status de mídia" adquiriu importância infinitamente maior que o valor de qualquer coisa que alguém seja capaz de fazer, é normal que esse status seja facilmente transferível; para qualquer um, em qualquer lugar, ter o mesmo direito ao mesmo tipo de estrelato.[36]

Ao identificar o papel indispensável do mundo virtual criado pelos meios de comunicação na reprodução das variedades mais altamente desenvolvidas do capitalismo, Debord entendeu um dos pontos fundamentais da época.

Quando publicou do livro, Debord talvez acreditasse que sua análise poderia ter um impacto político. Ele pode ter imaginado que o simples fato de revelar o funcionamento do espetáculo de algum modo contribuiria para fazê-lo descarrilar. Se assim pensou, esquecia que o conhecimento sempre pode ser usado para toda uma variedade de fins. Não sabemos se ele se surpreendeu ao tomar conhecimento de que um discípulo que se tornou diretor do império de mídia de Silvio Berlusconi declarou que aprendeu o que sabia nas obras de Debord; mas a irônica subversão de seu pensamento certamente deixou alguma marca.[37]

Em 1968, não tendo o movimento estudantil desencadeado uma insurreição geral, Debord deixou Paris e passou quase todo o resto da vida no interior da França, brincando com jogos de guerra e bebendo. Dissolvendo o grupo que fundara — a Internacional Situacionista, uma claque de rebeldes reunindo cerca de trinta pessoas, que seriam todas expulsas por ele —, Debord recolheu-se a uma vida de reclusão com sua companheira Alice Becker-Ho.

Ele suicidou-se em 1994. Dois de seus amigos se matariam pouco depois. Ambos conheciam o editor e mecenas de Debord, que fora assassinado dez anos antes. O autor escrevera — e possivelmente se vangloriava disso — que desde a década de 1970 era vigiado pelo serviço secreto francês. Boatos de terríveis conspirações não faltavam. Mas a causa de sua morte quase certamente foi mais simples e prosaica. Acreditando que suas ideias não tinham influência e sofrendo dos sintomas neurológicos do alcoolismo, ele não sabia mais o que fazer da vida.

Quando afinal se matou, Debord chegara à conclusão de que o espetáculo era indestrutível. Uma sociedade que tivesse chegado ao pleno desenvolvimento, escreve, em um comentário sobre suas ideias iniciais que publicou em

1988, apresenta cinco características que se reforçam mutuamente: "incessante renovação tecnológica; integração entre Estado e economia; segredo generalizado; mentiras irrespondíveis; um presente eterno".[38] Conjuntamente, essas características afastavam qualquer possibilidade de mudança revolucionária.

Naturalmente, nenhuma instituição humana poderia deter o poder atribuído por Debord ao espetáculo. Ainda que hoje ele seja quase onipotente, por que se mostram tão submissos os que vivem sob seu poder? Ele acreditava que se os seres humanos fossem capazes de penetrar de algum modo o véu eternamente presente, exigiriam uma vida que não fosse mediada nem distorcida. Mas e se muitos preferirem uma vida sofrida no mundo virtual?

Declarado seguidor de Maquiavel e Sun Tzu, Debord se considerava um realista implacável. Se um dia tivesse detido algum poder, sem dúvida teria sido implacável em seu exercício — e, para começar, contra os que tivessem sido seus amigos. Já sua capacidade de pensar com realismo é mais questionável. Como todo revolucionário, ele acreditava que a massa dos seres humanos compartilhava de seus valores. Não podia entender que os outros não quisessem ser como ele próprio imaginava que gostaria de ser.

Cabe duvidar que Debord fosse capaz de entender o humor da situação quando, em 2009, foi declarado patrimônio nacional pelo ministro da Cultura no governo de Nicolas Sarkozy. Interferindo para impedir que a Universidade de Yale comprasse os arquivos de Debord, o ministro referiu-se a ele como "um dos últimos grandes intelectuais franceses".[39] Apesar de seu espírito sardônico, carente do menor senso do absurdo, ele teria encarado a respeitabilidade póstuma como prova definitiva de que a oposição ao espetáculo deixara de ser possível.

Entidade abstrata, "o espetáculo" não existe. Ao atribuir onipotência a uma categoria teórica, Debord mostrava que perdera todo o senso de realidade. Mas nas décadas subsequentes a sua morte surgiria algo que exerceu algumas das funções por ele atribuídas ao espetáculo. Escrevendo em 1988, ele notou o crescente papel do segredo nas sociedades capitalistas avançadas:

> Nossa sociedade baseia-se no segredo, das organizações "de fachada" que fecham uma cortina impenetrável sobre a riqueza concentrada de seus membros aos "segredos oficiais" que conferem ao Estado um vasto campo

de operações livre de restrições jurídicas; dos segredos não raro assustadores da *produção de má qualidade* oculta pela publicidade às projeções de um futuro extrapolado no qual só a dominação sinaliza o provável progresso de coisas cuja existência nega [...].[40]

Prevendo a ascensão de uma sociedade baseada no segredo, Debord não foi capaz de enxergar que as novas tecnologias significariam o fim da privacidade. Quase tudo que é feito deixa algum vestígio eletrônico, que pode ser recolhido e estocado indefinidamente. Não são apenas os governos dos Estados ocidentais que têm o poder de vigiar a população. O mesmo se pode dizer das corporações empresariais, dos Estados tirânicos e das redes globais do crime organizado. Se os governos ocidentais abrissem mão da vigilância, a prática não cessaria. Outros Estados e outras forças continuariam bisbilhotando e espreitando.

O advento do Estado da vigilância é um aspecto integrante da globalização. O mundo mais fragmentado existente no passado era mais estável que o mundo interconectado de hoje, em parte porque os choques ocorridos em qualquer de suas partes não eram instantaneamente transmitidos ao resto do mundo, como acontece atualmente. Esse mundo que se foi também era mais amigo da privacidade. Fechado em comunidades locais, o indivíduo fica mais sujeito a uma contínua fiscalização informal de seu comportamento. O individualismo moderno tende a condenar essas comunidades por reprimirem a autonomia pessoal. Mas as sociedades que se orgulham de seu apreço à liberdade temem a desordem. Os muitos controles do comportamento existentes em um mundo de muitas comunidades são impraticáveis em um mundo de indivíduos de alta mobilidade, e assim a sociedade se volta para a tecnologia de vigilância. As câmeras de circuito fechado tomam o lugar da vigilância de famílias e vizinhos, e informações sobre toda a população podem ser encontradas na rede. A quase ubiquidade da fiscalização tecnológica é uma consequência do declínio de sociedades coesas que ocorreu paralelamente ao aumento da demanda de liberdades individuais.

Certo grau de privacidade pode sobreviver, como artigo de luxo. Criptografando partes de suas vidas, os ricos podem inventar para si uma liberdade que muitas pessoas tinham sem muito esforço no passado. Para os outros, a perda da privacidade é o preço do individualismo. Qualquer um pode ter fama momentânea, mas para quase todos quinze minutos de anonimato hoje tornou-se um sonho impossível.[41]

UM PAN-ÓPTICO UNIVERSAL

Uma versão precoce da sociedade da vigilância pode ser encontrada em uma penitenciária modelo concebida pelo filósofo utilitário inglês Jeremy Bentham (1748-1832). Personalidade singular que se considerava acima de todos os outros seres racionais, Bentham tinha certa tendência a inventar neologismos. Dentre as centenas de palavras que cunhou, *internacional*, *bicameral*, *maximizar* e *minimizar* são algumas que entraram para o uso cotidiano. Outras, como "cacotopia" (neologismo de Bentham para um estado social indesejável, atualmente designado como distópico) e "fisiúrgica uranoscópica" (mais conhecida como astronomia) não chegaram a emplacar.

As provisões que Bentham fez para seu cadáver revelam sua ideia de como um ser humano racional deveria ser. Deixando instruções de que o corpo fosse dissecado, ele especificou que fosse construído um "autoícone" a partir do esqueleto e da cabeça. Vestindo as roupas de Bentham e com uma cabeça de cera, foi criado um manequim de tamanho natural. Chegando às mãos do University College em Londres, o boneco está desde então em exposição pública quase permanente.

Convencido por muitos anos de que uma sociedade racional teria mais chances de ser construída sob a direção de um déspota esclarecido, Bentham se correspondia com alguns monarcas europeus. Seu irmão Samuel visitou a Rússia para construir uma fábrica têxtil circular cujos supervisores pudessem fiscalizar os trabalhadores sem serem vistos. Bentham juntou-se a Samuel, na esperança de convencer Catarina, a Grande, a construir o que ele chamava de um pan-óptico (em grego, "onividente").

Pela descrição nas cartas que escreveu quando estava na Rússia, o pan--óptico era uma construção circular de vários andares concebida de tal maneira que aqueles que estivessem em seu interior pudessem ser observados a todo momento. Os internos não teriam como ver a torre central nem saber se estavam sendo vigiados ou não. Cada um em uma cela separada, tampouco poderiam ver ou se comunicar uns com os outros. As janelas da torre de observação teriam venezianas ajustáveis para impedir que os prisioneiros pudessem ver sombras. Pequenas lâmpadas reforçadas por refletores seriam instaladas do lado de fora de cada janela, projetando luz na cela correspondente.

Na permanente incerteza de serem vistos ou não, os prisioneiros seriam forçados a agir com base na premissa de que qualquer transgressão seria testemunhada: no dizer do próprio Bentham, os prisioneiros teriam uma constante sensação de onipresença. Para que os guardas pudessem se comunicar com cada prisioneiro sem que os outros ouvissem, cada cela seria ligada à área de observação por um tubo de lata. À parte isto, prevaleceria o silêncio; qualquer ruído gerado pelos prisioneiros seria punido com mordaça.

O espaço central da construção seria cortado por divisórias, e cada parte ficaria separada do resto por aberturas em zigue-zague, e não portas. No pan-óptico não haveria noite; tudo aconteceria à luz onividente das lâmpadas do inspetor. Impedidos de ver todos e cada um dos outros, os prisioneiros estariam sempre em um lugar ao mesmo tempo completamente fechado e totalmente aberto à visão, e do qual não haveria possibilidade de fuga.

Bentham estipulou que o pan-óptico fosse administrado por contrato, tendo o governador interesse pecuniário direto na eficácia da instituição. Insistia em que ela fosse autofinanciada e lucrativa, deixando claro que para isso seriam necessários trabalhos forçados. Para escapar do confinamento solitário perpétuo a pão e água, os internos teriam de trabalhar. Ele sabia do risco de que os encarregados negligenciassem o bem-estar dos internos. Para essa eventualidade, propôs que fossem cobradas dez libras por cada prisioneiro que morresse sob seus cuidados.

Concebido na obsessão dos detalhes, o pan-óptico é um exemplo do culto da razão em ação. Para Bentham, o pan-óptico era muito mais que uma prisão ideal. A penitenciária planejada se aplicava a todas as instituições sociais, como princípios dos abrigos para pobres, fábricas, hospitais, hospícios e escolas. Os princípios de planejamento da penitenciária se aplicavam a todas as instituições sociais. Na verdade, o pan-óptico era um modelo de um mundo no qual a vigilância universal seria a base do controle social.

Apesar das ambições de Bentham a respeito e da grande atenção que deu a sua concepção, nada parecido com o pan-óptico veio a ser construído. Talvez o esquema não fosse atraente do ponto de vista custo-benefício. Nos casos em que empresas privadas assumiram o controle de prisões, a vigilância onipresente do tipo prescrito por Bentham se revelou um custo desnecessário. Sanções como o confinamento em solitária associadas à necessidade de lidar com a violência de outros internos parecem suficientes para manter a ordem.

A situação muda quando é possível construir um pan-óptico enfeixando toda a população. Em grande medida, isso já foi feito. Com as novas tecnologias de vigilância, a economia de escala torna possível superar os problemas de custo. Como todas as comunicações eletrônicas podem ser acessadas, não é mais necessário segregar os internos uns dos outros. Uma vez que não existe um mundo exterior, a fuga se torna inimaginável. O progresso tecnológico gerou um sistema de vigilância de maior alcance que qualquer um que Bentham pudesse ter concebido.

Enfeixar uma população inteira em um pan-óptico poderia parecer a suprema supressão da liberdade. Mas o confinamento universal não precisa ser vivenciado como uma privação. Se nada mais souber, a maioria pode aceitá-lo como normal. Se a tecnologia graças à qual a vigilância funciona também servir de entretenimento permanente, em breve todos poderão considerar qualquer outro modo de vida intolerável.

Paralelamente ao sistema de vigilância existe um mundo de imagens de mídia no qual o terror e o entretenimento se misturam. Aparentemente mais seguro que o mundo lá fora e mais estimulante que a vida cotidiana sem mediação, esse ambiente virtual mais se assemelha aos cenários da telerrealidade do que a uma prisão. Uma das características dos *reality shows* é que os participantes não têm nada a fazer. À parte superar desafios habilmente encenados e interagir emocionalmente uns com os outros, eles são absolutamente ociosos. Talvez não seja tão absurdo enxergar em sua condição um prenúncio do futuro para a maioria das pessoas. Se o avanço das máquinas inteligentes relega a maioria dos seres humanos a um papel econômico de meros consumidores, pode ser que eles venham a desejar passar seu tempo assim.

Uma das forças desse pan-óptico universal é que nem todos os riscos contra os quais ele protege são imaginários. As exibições de atrocidades encontradas na mídia não são meras fantasias. As guerras mais selvagens prosseguem sem trégua; a violência aleatória pode acontecer a qualquer momento em qualquer lugar. Com a rápida evolução das técnicas de ciberataque, todas as modernas comodidades são vulneráveis a súbitas interrupções. Seria precipitado presumir que os participantes anseiam por escapar do pan-óptico universal. Seu maior medo talvez seja serem forçados a ir embora.

TEATRO DE FANTOCHES, CONSPIRAÇÕES E TABULEIROS OUIJA

Em seu relato do sequestro e assassinato do primeiro-ministro italiano Aldo Moro, o escritor siciliano Leonardo Sciascia diz ao leitor que, quando terminou de estabelecer alguma ordem nos documentos a respeito dos acontecimentos, não conseguiu deixar de pensar em uma das fábulas de Borges. A história era "Pierre Menard, autor do *Quixote*" (1941), na qual Borges imagina um escritor francês que, além de sua obra pouco conhecida, escreve uma obra-prima totalmente desconhecida: uma versão de *Dom Quixote* na qual nem uma só palavra fora alterada. O espantoso no feito de Menard não é ter escrito de novo o mesmo livro, mas ter escrito um outro livro. O livro era diferente porque o leitor era diferente — a começar pelo próprio Menard.

Examinando os registros do sequestro, Sciascia escreve:

> tinha-se a irresistível impressão de que o caso Moro já fora escrito, já era uma obra literária completa, já existia em sua insuportável perfeição. Inviolável, exceto à maneira de Pierre Menard — mudando tudo sem mudar nada [...]. Por que o caso Moro dá a impressão de algo que já foi escrito, algo da esfera da perfeição literária intangível, que só pode ser fielmente reescrito e, reescrito, ser totalmente alterado sem alterar nada?[42]

Os fatos de conhecimento público envolvendo o que veio a ser conhecido como o caso Moro podem ser facilmente resumidos. Na manhã do dia 16 de março de 1978, um grupo se dizendo parte das Brigadas Vermelhas sequestrou Moro quando ele ia de carro para o parlamento, matando seus cinco guarda-costas. No cativeiro, ele foi submetido ao julgamento de um "tribunal popular", no qual revelou o papel dos serviços italianos de inteligência em atentados atribuídos à direita neofascista. Cinquenta e cinco dias depois do sequestro, seu corpo crivado de balas foi encontrado na mala de um carro no centro de Roma.

Cinco vezes primeiro-ministro, Moro tinha levado o Partido Democrata-Cristão a um "compromisso histórico" com o Partido Comunista Italiano. Ocorrendo na era da Guerra Fria, seu sequestro e execução foram interpretados como parte de uma luta encoberta entre as superpotências. Desde o início havia suspeitas de conspiração.

Em seu livro *Puppetmasters: The Political Use of Terrorism in Italy* [Titereiros: o uso político do terrorismo na Itália], o jornalista investigativo Philip Willan cita, sem identificá-lo, um agente do serviço secreto que, em entrevista ao jornal *La Repubblica* dois dias depois do sequestro, considerava a operação "tão perfeita que parece quase artística". Executada por homens que "se submeteram a longo treinamento de comando em bases especializadas", dirigidos por uma organização extremamente competente "tanto em seus membros autenticamente motivados do ponto de vista ideológico quanto nos setores controlados por outros diretores, para outras finalidades, que paradoxalmente coincidem", a operação não era obra exclusivamente das Brigadas Vermelhas. O que se deduzia era que se tratava de uma intervenção de agências secretas de Estado, embora sua origem ficasse em aberto.[43]

Muitas histórias foram contadas depois do crime. Algumas vinculavam a morte de Moro à Operação Gladio, organização clandestina montada pelos Aliados depois do fim da Segunda Guerra Mundial para oferecer resistência na eventualidade de um golpe comunista. Outras destacavam que Moro deteria informações sobre escândalos bancários envolvendo a Máfia e o Vaticano. Em sua maioria, essas histórias consideravam que o crime confirmava a existência de um "governo paralelo" na Itália, independentemente das instituições democráticas e capaz de solapá-las e agir a sua revelia. Com poucas exceções, os que escreveram sobre o episódio têm como demasiado absurda para ser levada a sério a ideia de que o sequestro e o assassinato tivessem sido cometidos por aqueles que assumiram sua responsabilidade.

O caso incluía alguns episódios comicamente absurdos. Um deles envolveu Romano Prodi, um professor afável e cheio de si que se tornaria diretor do importante Instituto de Reconstrução Industrial (IRI), primeiro-ministro italiano em 1996 e presidente da Comissão Europeia. Em uma chuvosa tarde de domingo de abril de 1978, quando Moro estava em cativeiro, Prodi visitou a casa de campo de um dos colegas da Universidade de Bolonha. Sem mais o que fazer, Prodi e os sete amigos decidiram passar o tempo com uma sessão espírita. Sentados em torno de um tabuleiro ouija, eles invocaram o espírito de um político democrata-cristão morto, perguntando onde Moro estava preso. Pelo tabuleiro, o espírito respondeu. Gradualmente foi soletrada a palavra "Gradoli". Nenhum dos presentes conhecia aquele nome, diria Prodi à comissão de inquérito sobre a morte de Moro, alguns anos depois. Mas eles descobriram uma aldeia com esse nome em um atlas, e nos dias seguintes a informação foi passada à polícia. Vasculhada a aldeia, nada foi encontrado. Verificou-se mais tarde que Moro ficara detido em um apartamento de um prédio em uma rua do subúrbio de Roma chamada Via Gradoli. De lá é que fora levado para ser morto a tiros, e seu corpo deixado na mala do carro encontrado no centro de Roma.

O relato de Prodi sobre o recebimento da informação em uma sessão espírita quase não mereceu crédito. Muitos acreditavam que ele fora informado do paradeiro de Moro e tinha inventado a sessão para proteger sua fonte. Outros especulavam que sua motivação poderia ter sido impedir a identificação do local do cativeiro de Moro. Alguns desconfiavam até que a história da sessão espírita não passava de piada.

Para um observador, o caso Moro evocava algo parecido com uma teoria do terrorismo. Um membro da Internacional Situacionista de Debord, o último a ser expulso da organização, Gianfranco Sanguinetti, considerava a atividade terrorista como uma estratégia praticada pelos Estados contra os próprios cidadãos em uma época na qual esses Estados perdiam legitimidade.

Como parte central do "espetáculo" — o sistema de imagens fabricado pelos meios de comunicação para mascarar as verdadeiras condições sociais —, o terrorismo era manipulado dos bastidores:

> assumindo solenemente a responsabilidade de montar o espetáculo da defesa comum e sacrossanta contra o monstro terrorista, e em nome dessa sagrada missão, [o Estado] pode arrancar a todos os seus súditos mais uma parte de sua minúscula liberdade, que servirá para reforçar o controle policial de toda a população [...]. O terrorismo e "a emergência", um estado de perpétua emergência e "vigilância", são esses os únicos verdadeiros problemas, ou pelo menos os únicos com os quais é permitido e necessário se preocupar. Tudo mais não existe, ou é esquecido e de qualquer modo silenciado, distanciado, recalcado no inconsciente social, ante a gravidade da questão da "ordem pública".[44]

O livro de Sanguinetti distinguia entre terrorismo "ofensivo" e "defensivo", o primeiro voltando-se contra o Estado, e o último sendo por ele controlado. Ele ainda faz outra distinção entre operações terroristas "diretas" — como os atentados neofascistas contra a população — e as operações "indiretas", como as das Brigadas Vermelhas, que fortalecem o Estado ao criar um clima de medo. Todos esses tipos de terrorismo, segundo o livro, são clandestinamente voltados pelos Estados contra suas próprias populações.

O pequeno livro de Sanguinetti foi publicado originalmente em italiano em abril de 1979. Ele fora preso em 1975 por "conspiração subversiva", e uma das acusações foi ter pertencido à organização que tinha inspirado as Brigadas Vermelhas. Era uma acusação estranha, e também fortemente irônica. A Internacional Situacionista fora dissolvida em 1972. Suas ideias tiveram ampla e duradoura influência, mas apenas nos meios de comunicação e na moda — vale dizer, no mundo criado pelo espetáculo. Poucas ideias foram mais facilmente cooptadas pelo capitalismo.

Em seu livro, Sanguinetti sustentava que o terrorismo é patrocinado pelos Estados contra as populações. Nem sempre fora essa sua visão. Em cartas escritas a Guy Debord em 1978, ele dava a entender que o assassinato de Moro era mesmo o que parecia — obra de um grupo autenticamente revolucionário, que aparentemente ele considerava equivocado em suas táticas mas fundamentado em sua visão da sociedade. Debord, por sua vez, sempre acreditara que tanto as Brigadas Vermelhas quanto os terroristas de extrema direita eram comandados pelo Estado.[45]

Ele talvez estivesse certo na convicção de que o Estado italiano estava envolvido em terrorismo de direita e de esquerda. O poder nunca reside exclusivamente em instituições visíveis ao público. Muito do que ocorreu nesses anos pode ter sido obra de agências secretas. O que não quer dizer que o que aconteceu tivesse sido orquestrado. Ninguém coordenou os crimes cometidos — ou entendeu plenamente como eles se deram. Mesmo para os protagonistas, os padrões dos acontecimentos devem ter sido indecifráveis.

A crença de que existe uma cabala oculta determinando o curso dos acontecimentos é um tipo de antropomorfismo — um jeito de identificar deliberação na entropia da história. Se alguém está puxando as cordinhas por trás do palco, é porque o drama humano não carece de significado. Os seres humanos não são — como poderiam parecer a um espectador imparcial — constantemente aprisionados em dilemas intratáveis: são fantoches de forças ocultas. É a mensagem dos *Protocolos dos sábios de Sião*, a famosa falsificação antissemita surgida nos últimos anos do século XIX, muito provavelmente por obra do chefe do ramo internacional dos serviços de inteligência tsaristas. A visão de mundo expressa nos *Protocolos* é totalmente delirante, e certamente por isso se tem revelado tão influente. Como escreve Norman Cohn, "o que realmente importa nos *Protocolos* é a grande influência que — incrível mas incontestavelmente — têm exercido na história do século XX".[46]

Interpretar a história como obra de uma conspiração é um cumprimento indireto à racionalidade humana. Presume-se a existência de um tipo de pessoa capaz não só de controlar os acontecimentos como — o que é mais importante — entender por que eles ocorrem. Mas o problema fundamental das teorias conspiratórias é o mesmo enfrentado pelos próprios conspiradores: ninguém pode saber por que os acontecimentos humanos se dão como se dão. A história está cheia de conspirações; mas ninguém jamais foi capaz de escapar à corrente universal de que fazem parte.

Uma das mais engenhosas teorias conspiratórias foi desenvolvida pela maior autoridade em ceticismo do século XX. Em *The Second Oswald* [O segundo Oswald], o ilustre filósofo Richard H. Popkin sustenta que o relatório oficial da Comissão Warren, no qual o assassinato de John Kennedy em novembro de 1963 era considerado obra de um pistoleiro solitário, está comprometido por muitas omissões e incoerências para ser plausível. Tentando remediar essas falhas, ele propôs uma teoria alternativa: muito parecido com o suspeito Lee Harvey Oswald, um segundo Oswald personificara o suspeito de modo a distrair a atenção do que de fato ocorrera — o assassinato de Kennedy por dois outros pistoleiros.

Popkin não se pronuncia sobre os supostos objetivos do assassinato. Em um pós-escrito de 1983 a *The Second Oswald*, uma análise do assassinato publicada originalmente em 1966, ele relaciona oito possibilidades que "são suscetíveis de comprovação e não podem ser refutadas": o verdadeiro alvo do assassinato era outra pessoa, e Kennedy apenas estava no caminho; o assassinato fora concebido por cubanos anticastristas, com o objetivo de precipitar outra invasão de Cuba que lograsse o que a invasão da Baía dos Porcos não conseguira em 1961; o assassinato fora planejado e executado por elementos da Máfia porque Kennedy e seu irmão, o ministro da Justiça Robert Kennedy, ameaçavam combater as operações mafiosas; o assassinato estava ligado ao envolvimento de Oswald com os russos, e sua atitude calma depois de detido indicava que ele agia como agente de algum ramo dos serviços soviéticos ou norte-americanos de inteligência, ou de ambos; o assassinato fora planejado e executado por agentes soviéticos; o assassinato fora cometido para responsabilizar agentes soviéticos; o assassinato fora patrocinado por Fidel Castro em retaliação às tentativas americanas de assassiná-lo; ou o assassinato ocorrera como parte de uma luta interna entre facções rivais da CIA.[47]

A lista não pretende ser exaustiva, e tampouco as teorias são mutuamente exclusivas. Mas Popkin jamais duvidou que o autor do crime em princípio pudesse ser conhecido: "são hipóteses possíveis, amparadas em algumas provas e que no momento não podem ser refutadas. Certamente existem outras hipóteses que atendam a essas condições. A menos que surjam mais provas, uma confissão ou duas, que documentos secretos sejam liberados ou que as memórias secretas de alguém sejam divulgadas, podemos ficar nesse ponto".[48] Ele certamente tinha razão de considerar insatisfatório o relatório da Comissão Warren sobre o assassinato. Mas quaisquer que sejam os fatos omitidos ou encobertos, o motivo de o relatório ser inadequado não era não ter apontado o responsável pelo crime.

Apesar de seu ceticismo, Popkin aparentemente acreditava que os acontecimentos humanos não podem deixar de ter significado; por trás das cenas, alguém deve estar no controle. Mas há outra possibilidade. Os seres humanos certamente agem. Mas nenhum deles sabe por que age como age. Existe toda uma série de fatos suscetíveis de serem conhecidos e relatados. Por trás desses fatos estão as histórias contadas. Os seres humanos podem se comportar como fantoches, mas não tem ninguém puxando suas cordinhas. Alguém puxou o gatilho e matou Kennedy. Mas isso não significa que soubessem em nome de quem estavam agindo, ou por que Kennedy foi morto. No momento do assassinato, muitos protagonistas podiam estar em ação; quaisquer planos que tivessem traçado há muito se teriam perdido no caos dos acontecimentos. Se perguntassem a si mesmos por que as coisas estavam acontecendo daquela maneira, os conspiradores — se é que existiam — só poderiam contar histórias, como qualquer um.

Com seu conhecimento íntimo das tortuosas dissimulações da vida siciliana, Leonardo Sciascia não podia deixar de enxergar nas informações sobre o sequestro e assassinato de Aldo Moro relatos de acontecimentos com script e encenação. Como o leitor do *Quixote* de Menard, Sciascia sentiu o impacto do reconhecimento. Mas se os acontecimentos relatados eram encenados, não o eram por um autor secreto. O autor era o leitor, que encontrava uma história ao examinar os acontecimentos.

Achamos que dispomos de um acesso privilegiado a nossos motivos e intenções. Na verdade, não temos uma percepção clara do que nos leva a viver como vivemos. As histórias que contamos a nós mesmos são como as mensagens que aparecem nos tabuleiros ouija. Se somos os autores de nossa vida, o somos apenas retrospectivamente.

QUANDO A MÁQUINA PARA

"Ela nunca conhecera o silêncio, e sua chegada quase a matou — como de fato matou milhares de pessoas. Desde o nascimento, estivera cercada de constante zumbido. Ele era para o ouvido o que o ar artificial era para os pulmões, e ela sentia terríveis dores de cabeça. E mal sabendo o que fazia, avançou trôpega e pressionou aquele botão, que abria a porta de sua cela."[49]

A mulher é Vashti, personagem principal do conto "A máquina para", de E. M. Forster. Vivendo, como todo mundo, em uma cela subterrânea que atende a todas suas necessidades, Vashti não tem interesse pelo mundo natural:

> Havia botões e interruptores por toda parte — botões para pedir comida, música, roupas. Havia o botão do banho quente, que ao ser pressionado fazia surgir do chão uma bacia de mármore rosa (imitação), cheia até a borda de um líquido quente desodorizado. Havia o botão do banho frio. Havia o botão que gerava literatura. E havia, naturalmente, os botões pelos quais ela se comunicava com os amigos. A sala, embora nada contivesse, estava em contato com tudo que lhe era importante no mundo.

A vida humana não é mais moldada pelos ritmos do planeta. "Noite e dia, vento e tempestade, maré e terremoto já não eram impedimentos para o homem. Ele havia domado Leviatã. Toda a antiga literatura, com seu louvor da Natureza e seu medo da Natureza, parecia falsa como uma lenga-lenga infantil." Mas as relações humanas ainda podiam perturbar a calma, e Vashti está preocupada com o filho Kuno. Usando um tablet fornecido pela Máquina, que permite ver imagens uns dos outros, ele lhe contou de seu estranho desejo de ver as estrelas da superfície da Terra. Entrando em um dirigível que restou de épocas antigas, ela viaja a seu encontro.

A caminho, fica incomodada com a luz que entra pelas janelas da cabine. "Na época da construção dos dirigíveis, o desejo de olhar diretamente as coisas ainda persistia no mundo. Donde a extraordinária quantidade de janelas e claraboias, com o equivalente desconforto para os que eram civilizados e refinados. Na própria cabine de Vashti, uma estrela espiava por uma falha da persiana, e depois de algumas horas de sono agitado seus olhos foram feridos por um fulgor desconhecido, que era a aurora." Quando ela desvia dos raios de sol, a comissária de bordo tenta sustê-la. Vashti fica furiosa e começa a gritar. "As pessoas nunca se tocavam. O hábito se tornara obsoleto, por causa da Máquina." A comissária se desculpa por não ter deixado Vashti cair.

Ao se encontrarem, Vashti e Kuno não se entendem. Ele diz que não conseguiu uma "autorização de egressão" para visitar a superfície do planeta, e deu um jeito por conta própria. Ela fica horrorizada com a violação das leis, enquanto ele reage acusando-a de cultuar a Máquina e considerá-lo irreligioso por encontrar seu próprio caminho. "Neste momento ela se irritou. 'Não cultuo nada!', gritou. '[...] não acho que você seja irreligioso, pois não resta mesmo nenhuma religião. Todo o medo e a superstição que existiam foram destruídos pela Máquina'." Vashti teme pelo filho. Se ele persistir na rebelião, sofrerá o supremo castigo — será expulso da Máquina.

Vashti e Kuno se separam, e ela retoma a vida de monotonia na cela. Mas a Máquina estava querendo ir longe demais e começava a entrar em colapso. Para início de conversa, a mudança não ficou evidente. O Comitê Central que supervisionava a Máquina registrou sinais de avaria, procedendo a alguns ajustes. Ninguém questionava os poderes da Máquina. Com ela, a religião fora restabelecida como o Ser Supremo. Todo mundo cedia a "alguma pressão insuperável, vinda ninguém sabia de onde, e que, atendida, era sucedida por uma nova pressão igualmente insuperável. A um estado de coisas assim convém dar o nome de progresso".

O tempo passa. A Máquina estava fugindo ao controle, mas a maioria das pessoas se adaptava a seus caprichos. O filho de Vashti, com quem ela faz contato por meio do tablet, disse-lhe: "A Máquina para." Ela não entende o que ele quer dizer; a perspectiva é simplesmente inimaginável. Mas as falhas mecânicas se sucediam: o ar estava ficando escuro e sujo. O pânico começou a se disseminar, as pessoas rezavam para os livros onde estava registrada a onipotência da Máquina. Elas acreditavam que estavam se desenvolvendo novos "centros nervosos" que desempenhariam de maneira mais eficiente as funções da Máquina. "Mas chegou um dia em que, sem qualquer alerta, todo o sistema de comunicação entrou em colapso, no mundo inteiro, e o mundo, tal como o entendiam, acabou."

Finalmente deixando sua cela, ela encontra os outros habitantes da cidade subterrânea em pânico e desespero. "As pessoas rastejavam, gritavam, choramingavam, sem conseguir respirar, se tocando umas às outras, desaparecendo no escuro [...]. Algumas brigavam junto às campainhas elétricas, tentando chamar trens que não podiam ser chamados [...]. Outras ficavam à porta de suas celas, temendo, como ela própria, deter-se ali ou sair dali, e por trás de todo aquele alvoroço havia o silêncio — o silêncio que é a voz da terra e das gerações que se foram."[50]

Publicado em 1909, o conto de Forster mostra a humanidade vivendo no interior de uma máquina. Quando a máquina para, é porque seu funcionamento interno falhou. Como *A máquina do tempo* de H. G. Wells (1895) — que certamente influenciou Forster —, é uma história forte e impressionante. Onde ela perde força é no fato de não explicar como a Máquina veio a exercer esse domínio, para começo de conversa.

A falta de realismo da história decorre da ausência de qualquer conflito humano sério. Quando a Máquina começa a falhar, há descontentamento; algumas menções de tumultos. Mas nenhuma Máquina que governasse o mundo como a de Forster teria alcançado tanto poder sem violentas revoluções e longas guerras. Ao deixar de explicar como a Máquina alcançou seu domínio, Forster não é capaz de explicar por que ela entrou em colapso. Uma falha de funcionamento não leva o leitor muito longe. Ficamos com o enigma de um mundo inexplicavelmente pacificado, que de súbito para completamente.

Se a Máquina parasse hoje, a causa mais provável seria a crescente luta geopolítica. Em termos tecnológicos, o mundo se assemelha a um sistema integrado único. Em termos geopolíticos, ele se fragmenta. O fluxo instantâneo de informação e imagens permitido pela internet e as mídias sociais está gerando movimentos de massa — a Primavera Árabe, a Revolução Laranja, os acontecimentos de Maidan e a ascensão das "repúblicas populares" na Ucrânia, entre outros — que servem de instrumento para a continuidade das rivalidades entre as grandes potências. Louvadas como forças unificadoras, as novas tecnologias de comunicação estão sendo usadas como armas.

Não é difícil prever circunstâncias em que a internet pudesse fraturar-se nos mesmos vacilantes moldes do poder. Cheio de vermes e vírus que podem ser usados para comprometer exércitos humanos e fechar instalações vitais, o ciberespaço é cenário de constante guerra. Em parte por este motivo, ele poderia tornar-se cenário de uma radical mudança evolutiva. Tendemos a pensar que a vida e a mente só podem evoluir de maneiras reconhecivelmente semelhantes a nós mesmos. Mas embora sejam usadas como arma, as tecnologias eletrônicas também podem estar criando terreno para a evolução de formas de vida inteligente independentemente do controle humano. Nossos sucessores talvez não sejam robôs rebeldes, mas descendentes mais evoluídos dos vermes de computador. Pode parecer que a perspectiva de um mundo tomado por vírus eletrônicos deixe a evolução de cabeça para baixo; mas isso só pode acontecer se encararmos a evolução de um ponto de vista humano.

Pensar na evolução como uma sucessão de passos escalonados é como pensar na história como uma série de aperfeiçoamentos gradativos. Em ambos os casos a atualidade é incerta e descontínua. Poucas sociedades foram suficientemente estáveis e resilientes para se renovar em formas reconhecíveis em longos períodos de tempo. A história está repleta de civilizações que foram completamente destruídas. Em toda parte, a confiança cheia de si de padres, burocratas e intelectuais foi ridicularizada por acontecimentos inesperados, deixando absolutamente esquecidos suas orações, registros e tratados, a menos que sejam tirados do limbo por futuros arqueólogos e historiadores. A súbita extinção de modos de vida é a norma humana.

O mesmo se aplica às espécies. A evolução não tem qualquer apego aos atributos que os modernos pensadores imaginam essencialmente humanos: autoconsciência, racionalidade e semelhantes. Muito pelo contrário: tendo permitido a ampliação do poder humano ocorrida nos últimos séculos, esses mesmos atributos podem acarretar a obsolescência humana.

Com a alteração dos sistemas climáticos em consequência de nossa intervenção, o mundo humano e o mundo natural não estão mais separados. O que não significa que os seres humanos estejam no controle. Esta pode ser a era do Antropoceno — a época geológica em que a ação humana está transformando o planeta. Mas também é aquela em que o animal humano está menos no controle do que nunca. O aquecimento global parece resultar, em grande medida, do impacto humano sobre o planeta, mas isso não significa que os seres humanos possam deter o processo. O que quer que se faça agora, a expansão humana desencadeou uma mudança que vai persistir por milhares de anos. Indício de que o planeta se cura, as mudanças climáticas prosseguirão, independentemente de seu impacto na humanidade.

Não há grande perspectiva de a espécie humana se extinguir em um futuro próximo. Mas é difícil imaginar que os seres humanos sejam centrais na vida do planeta como têm sido nos últimos séculos. Eles podem acabar sendo como os homens de Neanderthal, um desvio na evolução. Pretendendo refazer o mundo a sua imagem, a espécie humana está criando um mundo pós-humano. Como quer que venha a terminar, o Antropoceno será breve.

Os darwinistas de hoje dirão que a missão da humanidade é se incumbir da evolução. Mas "humanidade" é apenas o nome de um animal de ínfima categoria incapaz de cuidar do que quer que seja. Ao desestabilizar o clima, ele está tornando o planeta menos propício à vida humana. Desenvolvendo novas tecnologias de comunicação e guerra em massa, ele desencadeou processos evolutivos que podem acabar por desalojá-lo.

Uma das maneiras como poderá advir um mundo pós-humano foi contemplada por James Lovelock, o inventor da teoria de Gaia, segundo a qual o planeta age sob certos aspectos como um organismo vivo único. Lovelock considera que, como sabemos tão pouco do funcionamento do sistema da Terra, não podemos remediar a desordem que nossa expansão infligiu ao planeta:

> Podemos experimentar o desenvolvimento sustentável e a energia renovável, e podemos tentar a geoengenharia para ajudar a Terra a se regular. Podemos fazer essas coisas com a mesma certeza que nossos antepassados do século XVIII tinham sobre o poder do mercúrio, do arsênico ou das sangrias para curar suas doenças. Assim como fracassaram redondamente, também creio que ainda não somos inteligentes o suficiente para lidar com esse problema do tamanho do planeta e impedir que a Terra fique superaquecida.[51]

Mas se os seres humanos estão gerando as condições para deixarem de ser a forma de vida dominante do planeta, também podem estar semeando seus sucessores. Lovelock cita a inteligência artificial e as formas de vida eletrônicas como exemplos de invenções humanas que podem se encarregar da continuidade depois que os humanos saírem de cena. Desenvolvendo-se inicialmente como ferramentas humanas e entrando em simbiose com os seres humanos, para então evoluir separadamente deles, pode vir a se desenvolver uma vida eletrônica mais preparada para prosperar no mundo quente que os seres humanos criaram:

> Não devemos esquecer que a inestimável herança dos seres humanos inclui o conhecimento das ferramentas e da inteligência eletrônicas. A nova vida, se seus neurônios operarem em velocidade eletrônica, incluindo programas inteligentes, pode viver um milhão de vezes mais rapidamente que nós, e assim sua escala de tempo seria ampliada até um milhão de vezes. Tempo suficiente para evoluir e se diversificar como a vida baseada no carbono. Isso poderia estender ainda mais a vida de Gaia, o suficiente até para permitir a próxima dinastia gaiana, o que quer que venha a ser isto.[52]

Na visão premonitória de Lovelock, a Máquina pode engasgar e emperrar. Mas ela não para. Interligadas ao ciclo de vida do planeta, as máquinas criaram um mundo virtual no qual a seleção natural funciona em velocidade muito maior que entre os organismos biológicos do planeta. Com o advento de formas artificiais de vida, a próxima fase da evolução já pode ter começado.

3. Liberdade para as Über-marionetes

> *Existe um tipo de brinquedo que vem se multiplicando há algum tempo, e sobre o qual nada tenho de bom ou ruim a dizer. Refiro-me ao brinquedo científico.*[1]
>
> Charles Baudelaire, "A filosofia dos brinquedos"

O QUE A CIÊNCIA NÃO NOS DIZ

Em seu romance antiutópico sobre um país fictício, *Erewhon* (anagrama do inglês *"nowhere"*, lugar nenhum), publicado anonimamente em 1872, o romancista vitoriano Samuel Butler cita alguém por ele identificado como outro escritor (na verdade ele próprio), afirmando:

> Não há segurança [...] contra o supremo desenvolvimento da consciência mecânica no fato de as máquinas possuírem hoje pouca consciência. Um molusco não tem muita consciência. Reflitamos no extraordinário avanço feito pelas máquinas nos últimos séculos, notando como os reinos animal e vegetal avançam lentamente. As máquinas mais altamente organizadas são criaturas não tanto de ontem, mas dos cinco últimos minutos, por assim dizer, em comparação com o tempo passado. Admitamos, a bem da argumentação, que os seres conscientes existem há cerca de vinte milhões

de anos: vejam-se os passos largos dados pelas máquinas nos últimos mil! Acaso não poderia o mundo durar mais vinte milhões de anos? Neste caso, o que não haverão elas de se tornar no fim?²

Quando Butler escreveu esse trecho, um século e meio atrás, a ideia de uma máquina consciente devia parecer tão fantástica que nem merecia ser levada em consideração. Hoje há quem espere que essas máquinas estejam entre nós dentro de algumas décadas. Seria absurdo questionar o aumento do conhecimento científico que nos possibilita imaginar máquinas assim. Mas como poderá sua chegada afetar a maneira como nos vemos? Acaso as veremos com mecanismos estúpidos imitando com habilidade a consciência humana? Ou aceitaremos que dispõem de algo parecido com nossa autoconsciência?

O que quer que venhamos a decidir, as respostas não nos serão dadas pela ciência. Pode parecer curioso que a ciência nos possibilite fazer máquinas assim mas não seja capaz de nos dizer o que foi que fizemos. Mas a ciência não fornece nenhuma imagem definitiva das coisas. A prática da investigação científica tem sido acompanhada de muitas diferentes visões de mundo. Entre os cientistas do Renascimento, a ciência e a magia eram aliadas muito próximas. Sem que o soubessem, alguns dos pensadores científicos mais militantes do século XX adotaram uma visão das coisas que é essencialmente gnóstica.

Hoje em dia nada está investido de tanta autoridade quanto a ciência, mas na verdade não existe nada como "a visão científica do mundo". A ciência é um método de investigação, e não uma visão de mundo. O conhecimento se expande em velocidade acelerada; mas nenhum avanço da ciência será capaz de nos dizer se o materialismo é verdadeiro ou falso, ou se os seres humanos são dotados de livre-arbítrio. A crença de que o mundo é formado de matéria é uma especulação metafísica, e não uma teoria suscetível de ser testada. A ciência pode ser capaz de explicar os acontecimentos em termos de causa e efeito. Em certas explicações, pode ser capaz de formular leis da natureza. Mas o que significa o fato de algo causar algo mais, e o que é uma lei da natureza? São perguntas para a filosofia ou a religião, e não para a ciência.

Embora talvez seja o meio mais eficaz de explicar como o mundo funciona, a ciência não pode explicar suas próprias realizações. A investigação científica talvez tenha êxito porque tudo que existe obedece a algumas leis simples, que os seres humanos começaram a identificar. A ordem da mente humana talvez espelhe a do cosmo. Mais uma vez, o sucesso da ciência pode derivar do fato de seus praticantes habitarem um cantinho do universo que não é caótico. Talvez a desordem da mente humana é que melhor reflita a realidade.

É uma questão interessante tentar saber como adquirimos nossa visão de mundo. Não resta dúvida de que a razão desempenha um papel, mas as necessidades humanas de significado e propósito geralmente são mais importantes. Às vezes, o gosto pessoal pode ser o fator decisivo. Não há como afirmar que, uma vez feito todo o trabalho da razão, restará apenas uma visão do mundo. Pode haver muitas que se ajustem a tudo que pode ser conhecido. Nesse caso, podemos perfeitamente escolher a visão do mundo que consideremos mais interessante ou bela. Adotar uma visão de mundo mais se parece com a escolha de uma pintura para pendurar na sala do que com o teste de uma teoria científica. O teste consiste em saber como ela se adapta à nossa vida. Como é que a visão de que os seres humanos são máquinas se adapta à nossa vida no momento?

Nos últimos séculos, muitos têm sustentado que a ciência mostra que o materialismo é verdadeiro, concluindo que qualquer outra visão das coisas é uma ilusão a ser afastada. Mas esse catecismo moderno é equivocado. Ainda que a ciência pudesse demonstrar a verdade do materialismo, não se seguiria daí que qualquer outra visão do mundo deva ser rejeitada. Muito possivelmente o resultado da investigação científica será que a mente humana não pode funcionar sem mitos e fantasias. Neste caso, a ciência nos devolveria a nossas ilusões.

Seja ou não verdadeiro o materialismo, não tem fundamento a ideia de que os seres humanos sejam especiais por serem autoconscientes. Não há nada especificamente humano na centelha de sensibilidade normalmente chamada de consciência. Os golfinhos adoram se contemplar no espelho ao fazer sexo, e os chimpanzés reagem à morte dos entes queridos praticamente do mesmo jeito que os seres humanos. Pode-se objetar que esses animais não têm um entendimento claro do tipo de criatura que são ou do que significa morrer. Mas tampouco sob esses aspectos eles são diferentes dos seres humanos.

A ideia de que a consciência é um mistério é um preconceito herdado do monoteísmo. No início do século XVII, o filósofo francês René Descartes considerava que os animais, à parte os seres humanos, eram máquinas desprovidas de sensações. Naturalmente, era uma reafirmação em termos racionalistas da crença cristã de que apenas os seres humanos têm alma. Ainda que mente e matéria fossem categoricamente distintas, isto não significaria que apenas os seres humanos têm mente. Foi relatado que, para testar suas teorias, Descartes costumava atirar animais pela janela e observar suas reações. Ante comportamentos assim, poderíamos razoavelmente concluir que os seres humanos é que são as máquinas desprovidas de sensações.

Além de acreditar que apenas os seres humanos são providos de mente, Descartes dava como líquido e certo que a mente sempre tem consciência das próprias atividades. Era parte da distinção categórica que estabelecia entre mente e matéria. Mas por que deveria a consciência ser tudo ou nada? Não é assim nos seres humanos. Boa parte de nossa vida é passada no sono; no estado desperto, somos possuídos por sonhos meio esquecidos. Em vez de a mente estar sempre consciente de suas atividades, boa parte do que ela faz lhe é desconhecido.

O mistério não é a consciência, mas as sensações vivenciadas por todo ser sensível. Seja ou não autoconsciente, qualquer criatura habita um mundo que em certa medida criou. Ninguém entende como ocorre esse processo de criação, e não há motivos para supor que alguém venha a entendê-lo. Como o universo pode abranger uma quantidade possivelmente infinita de mundos subjetivos não é, com toda evidência, um problema solúvel.

Se admitirmos que a consciência tem diferentes graus, aceitaremos que a vida do espírito pode irromper em qualquer lugar. Além dos seres humanos, a autoconsciência pode existir não apenas em outros animais como em plantas, águas-vivas, vermes e muitas outras coisas vivas. A ironia do materialismo é que implica exatamente isso. Como sabemos que os seres humanos são conscientes, segue-se — como observou Leopardi ao escrever sobre a alma dos animais — que sabemos que outras coisas vivas também são conscientes. Também sabemos que o mesmo preceito um dia se aplicará às máquinas.

Da mesma maneira, todo mundo dá como certo que, se existe um livre--arbítrio, apenas os seres humanos podem tê-lo. Mas se a consciência pode existir em muitas espécies, por que não também a liberdade de escolha? Considerando-se como o comportamento humano pode ser tristemente previsível, talvez fizesse mais sentido perguntar se os gorilas, os golfinhos e as máquinas têm livre-arbítrio. A ideia de que só poderia existir em nós mesmos é mais um exemplo do dogma, derivado da religião, e não da ciência, segundo o qual os seres humanos são separados do mundo natural.

O que parece singularmente humano não é a consciência nem o livre-arbítrio, mas o conflito interno — os impulsos conflitantes que nos separam de nós mesmos. Nenhum outro animal busca a satisfação dos próprios desejos e ao mesmo tempo a amaldiçoa; passa a vida no terror da morte mas se dispõe a morrer para preservar uma imagem de si mesmo; mata a própria espécie em nome de sonhos. Não é a autoconsciência, mas a divisão de si mesmo, que nos torna humanos.

Não parece claro como essa divisão surgiu. Não existe uma teoria científica convincente sobre a questão. A melhor análise ainda é a do livro do Gênesis. Mas a melhor interpretação desse mito insondavelmente rico talvez não seja a sugerida por Herr C. no conto de Kleist. Uma versão da interpretação tradicional talvez seja mais verdadeira e subversiva das duas maneiras de pensar.

Como Herr C., os pensadores modernos imaginaram que os seres humanos podem alcançar um estado de liberdade comendo mais da Árvore do Conhecimento, de tal maneira que — em dado momento de um futuro distante — venham a se tornar seres plenamente conscientes. Depois, os seres humanos serão verdadeiramente livres. Mas ainda que isso fosse possível, algo teria sido perdido. Como observou Herr C., uma marionete plenamente consciente seria um deus. Não seria humana.

Aqueles que gostariam de criar uma versão superior da humanidade pretendem criar uma marionete assim. Dando como certo que a autoconsciência é o atributo que define os seres humanos, ignoram o fato de que muitas das partes da vida humana que são mais caracteristicamente humanas têm muito pouco a ver com o pensamento consciente. Temos tão pouca ideia da maneira como entendemos uns aos outros quanto do modo de autorregulação de nosso corpo. Uma vida plenamente examinada — se fosse possível — poderia muito bem ser totalmente sem valor.

Os racionalistas gostam de pensar que a parte inconsciente da mente é uma relíquia de nossa ancestralidade animal, que poderá ser deixada para trás com novas etapas evolutivas. Muito mais que pensamento consciente, contudo, é nossa mente animal que nos faz como somos. A ciência, a arte e as relações humanas surgem de processos de que só podemos ter uma consciência indistinta. As forças criativas mais essencialmente humanas não seriam necessariamente expandidas se os seres humanos fossem mais plenamente conscientes. Como os golens das lendas medievais, um robô dotado apenas de conhecimento consciente seria ainda mais estúpido que seus criadores humanos.

Felizmente, a evolução não funciona assim. Quando surgirem no mundo, as máquinas pensantes serão obra de animais falhos e intermitentemente lúcidos com mentes cheias de contrassensos e ilusões. Em tempo, como percebeu Bruno Schulz, a matéria — o verdadeiro demiurgo — vai incutir vida dos manequins. Do pó e da terra — "como a sorte, o destino" —, o espírito renascerá. Em mutação sob a pressão da entropia, as máquinas inventadas pelos seres humanos vão desenvolver falhas e defeitos próprios. Logo, não terão mais consciência de partes da própria mente; repressão, negação e fantasia toldarão o céu vazio da consciência. Surgindo de um mundo interior que não entendem, impulsos antagônicos governarão seu comportamento. No fim das contas, essas máquinas meio capengas terão a impressão de estar escolhendo seu caminho na vida. Como no caso dos seres humanos, pode ser uma ilusão; mas à medida que a sensação se impõe, vai gerar o que nos seres humanos costumava ser chamado de alma.

ÉTICA PARA FANTOCHES

Como poderá viver o fantoche? Caberia supor que um fantoche não tem escolha na questão. Mas a Über-marionete — criatura semelhante ao títere que, em consequência dos acidentes da evolução, adquiriu autoconsciência — está fadada a viver como se decidisse o que faz. De vez em quando pode entrar em modo contemplativo, encarando a vida como algo que lhe foi dado. Mas quando o fantoche age, não pode deixar de se sentir livre.

As Über-marionetes têm irredutivelmente muitos pontos de vista divergentes sobre a maneira como deveriam viver. Como esses fantoches pensantes são iguais sob certos aspectos em qualquer lugar, alguns valores são humanamente universais. Ser torturado ou perseguido é ruim, qualquer que seja a cultura a que se pertença; ser objeto de atenção e gentileza é bom. Mas esses valores muitas vezes estão em conflito uns com os outros e com as virtudes específicas de diferentes modos de vida. Os valores universais não redundam em uma moral universal. A menos que se acredite que os valores humanos têm uma origem fora do mundo humano, devemos encarar os seres humanos tal como se apresentam — com suas morais em perpétua guerra.

Ao mesmo tempo, certas morais se baseiam em uma interpretação mais verdadeira da situação humana que outras. Levando em conta apenas a tradição ocidental, a ética grega difere da moral do judaísmo e do cristianismo em alguns aspectos fundamentais. Mas os três diferem das formas predominantes da moral moderna, e nesses aspectos é que se mostram mais valiosas essas variedades mais antigas do pensamento moral.

Os gregos antigos não entendiam a ética como um conjunto de comandos e proibições, mas como toda a arte da vida. Para florescer, os seres humanos precisavam de virtudes; os maus estados mentais e o mau caráter podiam ser um obstáculo para a boa vida. Mas não havia uma ideia de mal nessa maneira grega de pensar. Para Sócrates, quem conhece a verdadeira natureza das coisas não pode deixar de ser bom. A crença de que os seres humanos deixam de levar a boa vida por ignorância reaparece no pensamento moderno: à medida que aumenta o conhecimento científico, acreditam muitos hoje, aumentará também a bondade humana.

Em Sócrates, essa crença no poder salvador do conhecimento expressava uma fé metafísica: se uma pessoa sábia não podia deixar de ser boa, era por se identificar com uma ordem perfeita das coisas que existia além do reino dos sentidos. Quem lê apenas histórias convencionais da filosofia jamais saberá que o santo do racionalismo consultava oráculos, buscava significado em sonhos e obedecia a um guia interno a que se referia como "a voz de Deus".[3] Sócrates nunca abriu mão completamente do antigo xamanismo grego; mas suas insinuações iam muito além dessas crenças e práticas. Afirmando que nada sabia ao certo, ele jamais duvidou que o mundo fosse racional. No fundo da crença socrática na razão está uma equação mística do verdadeiro e do bom. Esquecidas ou negadas suas origens, ela se tornou a base do racionalismo ocidental — a versão oca do ensinamento de Sócrates que Nietzsche zombeteiramente chamava de socratismo.[4]

Felizmente não havia apenas filosofia na Grécia antiga. Os trágicos gregos expressavam uma versão mais verdadeira da experiência humana: virtude e raciocínio não bastam para que os seres humanos levem uma vida digna. O mito grego conta a mesma história. Tendo formado os seres humanos a partir da argila, Prometeu lhes confere a posição ereta e o uso do fogo. Zeus pune Prometeu acorrentando-o a uma rocha, onde leva pela eternidade uma vida sem sono nem alívio de seus tormentos. Até a autoafirmação de um deus acaba em orgulho e arrogância, sempre punidos.

O judaísmo contém algo semelhante ao senso grego da tragédia: apesar de no fim ter aceito a vontade de Deus, o fato de Jó ter questionado a justiça divina representava um desafio a qualquer crença na suprema harmonia moral. Em contraste, ao afirmar que Deus pode redimir qualquer mal e até anular a morte, o cristianismo mostra que é uma fé antitrágica. Se Jesus, tendo morrido na cruz, continuasse morto, teria sido uma tragédia. Na história cristã, contudo, ele ressuscitou e voltou ao mundo. Mas o cristianismo está ainda mais próximo da compreensão antiga da tragédia do que das formas modernas de pensar. Tal como desenvolvido por Paulo e Agostinho, o cristianismo reconhecia que nada que os seres humanos venham a fazer será capaz de resgatá-los de seu estado decaído. Aqui os cristãos não são tão diferentes dos gregos antigos, que sabiam que nada protege os seres humanos do destino.

Onde essas morais antigas se mostram superiores às morais modernas é na compreensão de que a humanidade jamais poderá superar suas limitações intrínsecas. Só em tempos recentes os seres humanos passaram a se considerar potencialmente divinos. Os pensadores antigos eram mais inteligentes, além de mais honestos. Sabiam que a ação humana é capaz de mudar o mundo, às vezes para o bem. Também sabiam que as civilizações surgem e desaparecem; o que foi conquistado se perderá, será reconquistado e outra vez perdido, em um ciclo tão natural quanto as estações.

Essa visão das coisas foi articulada em uma carta de Otávio César, também conhecido como Augusto, fundador do Império Romano, escrita durante uma viagem marítima em 14 a.C.:

> Roma não é eterna; não importa. Roma cairá; não importa. O bárbaro conquistará; não importa. Houve um momento de Roma, e ele não morrerá completamente; o bárbaro vai se transformar na Roma que conquistar; a língua vai abrandar sua língua rude; a visão do que ele destrói circulará em seu sangue. E em um tempo tão incessante quanto esse mar salgado sobre o qual estou tão fragilmente suspenso, o custo é nada, é menos que nada.[5]

Hoje, praticamente ninguém seria capaz de aceitar uma ética assim estoica. A carta é ficção — trecho do romance *Augustus,* de John Williams, publicado em 1972. Mas não resta muita dúvida de que atitudes como essa de Augusto eram comuns no mundo antigo. As *Meditações* de Marco Aurélio, um registro das ideias de um imperador romano que viveu e governou cem anos depois de Augusto, contêm muitas expressões semelhantes de filosofia estoica. Como o autor da carta fictícia, Aurélio exorta a uma decidida defesa da civilização contra a barbárie, sem qualquer esperança de que a civilização possa afinal prevalecer.

Vivendo antes do triunfo do cristianismo, Augusto e Aurélio não imaginavam que a história tivesse um significado global. Não havia nenhum fio oculto de redenção ou aperfeiçoamento na passagem dos acontecimentos. Formados em uma mistura coagulada de socratismo e retalhos de cristianismo deteriorado, os pensadores modernos condenam aí uma suposta voz do desespero. No mundo antigo, ela expressava saúde e clareza mental. Se essa sanidade não pode ser resgatada hoje, é porque a crença monoteísta de que a história tem um significado continua a moldar a maneira moderna de pensar, mesmo depois da rejeição do próprio monoteísmo. O mais radical crítico moderno da religião, Nietzsche lastimava a influência formadora do monoteísmo, ao mesmo tempo exibindo ele próprio essa influência. A figura absurda do *Übermensch* encarna a fantasia de que a história pode ser dotada de significado por força da vontade humana. Pretendendo em suas primeiras obras restabelecer o senso da tragédia, Nietzsche acabou promovendo mais uma versão do projeto moderno de autoafirmação humana.

Para rejeitar qualquer ideia de Deus, é preciso aceitar que a "humanidade" — o sujeito universal que encontra redenção na história — tampouco existe. O fato de poucos serem capazes disto é um dos motivos pelos quais a ética da Antiguidade é irrecuperável. Mas há um outro motivo: defender a civilização é uma tarefa intratavelmente difícil, ao passo que a barbárie vem com a promessa de transgressão e excitação. A fragilidade da civilização é testemunha do perene sonho de uma vida sem restrições.

Antes de significar qualquer coisa, a civilização implica contenção no uso da força; mas quando serve a objetivos aparentemente nobres, a violência tem um glamour irresistível. Como os astecas, a humanidade moderna está presa à matança; mas as visões com que justifica as carnificinas em massa são mais primitivas e irreais que os deuses zombeteiros dos astecas. Guerras e revoluções empreendidas em nome da liberdade universal exigiram sacrifícios humanos em uma escala que os astecas nem poderiam imaginar. O que Leopardi chamava de "barbárie da razão" revelou-se mais selvagem que a barbárie do passado.

A liberdade entre os seres humanos não é uma condição humana natural. É a prática da não interferência recíproca — uma habilidade rara que é aprendida gradual e rapidamente esquecida. O objetivo dessa liberdade "negativa" não é promover a transformação evolutiva dos seres humanos em seres racionais ou permitir-lhes governar a si mesmos; é proteger os seres humanos uns dos outros. Dividido contra si mesmo, o animal humano é antinaturalmente violento por sua própria natureza. A antiquada liberdade da não interferência aceita esse fato. Exatamente por esse motivo, tal liberdade não pode deixar de ser desvalorizada em uma época na qual qualquer referência às falhas do animal humano é condenada como blasfêmia.

No momento, as práticas em que essa liberdade se manifesta — *habeas corpus*, tribunais abertos, o império da lei — estão sendo comprometidas ou descartadas. Paralelamente ao sequestro e às execuções secretas, a tortura foi adotada como arma essencial na luta pelos direitos humanos. As únicas salvaguardas da liberdade que jamais foram ainda que parcialmente eficazes estão sendo descartadas na busca de ficções. Ao mesmo tempo, novas espécies de despotismo surgem em muitas partes do mundo. Governos contemporâneos recorrem às mais recentes tecnologias para desenvolver técnicas hipermodernas de controle muito mais invasivas que as das tiranias tradicionais.

Se algum tipo de liberdade pode ser encontrado nessas condições, será uma versão da variedade interior que era valorizada pelos pensadores do mundo antigo. Em alguma futura virada do ciclo, a liberdade nas relações dos seres humanos uns com os outros poderá retornar; mas no presente e no futuro previsível com clareza, é apenas a liberdade que pode ser realizada dentro de cada ser humano que pode ser segura.

Nada é mais alheio ao espírito de nossa época que sugerir que alguém busque a liberdade interior, pois dá a entender que existe dúvida quanto à crença prevalecente de que o mundo humano está melhorando. Com toda evidência, muitos não são capazes de dispensar essa crença confortadora. O mais caridoso é deixá-los em seu sono. Mas para os de mente mais ousada, talvez valha a pena examinar — ainda que apenas como uma experiência do pensamento — o que pode significar hoje a liberdade interior.

GRAVIDADE E QUEDA

Tal como apresentadas por Herr C., as marionetes têm uma vantagem sobre os seres humanos: os fantoches podem desafiar a gravidade. Basta lembrar sua entusiástica descrição: "esses fantoches têm a vantagem de ser *resistentes à gravidade*. Do peso da matéria, o fator que mais atua contra o dançarino, são totalmente ignorantes: pois a força que os eleva no ar é maior que a que os prende ao solo [...]." A marionete é capaz de resistir à gravidade porque não precisa decidir como vai viver. Os seres humanos são vacilantes em seus movimentos, eternamente a ponto de cair. Mas e a Über-marionete — o ser humano que sabe que é uma máquina? Deveria acaso invejar o gracioso automatismo do fantoche?

Na história contada por Herr C., os seres humanos se libertam quando se tornam plenamente conscientes. Para essas criaturas divinas, não pode haver nada misterioso. O mistério se dissipa com uma consciência cada vez maior, e a verdadeira liberdade significa viver de acordo com essa luz interior. Trata-se, naturalmente, de uma crença muito antiga — a fé dos gnósticos, e também de Sócrates. Ambos acreditavam que a liberdade era alcançada pela posse de um tipo especial de conhecimento. O racionalismo moderno é outra versão dessa religião. Os evangelistas contemporâneos da evolução, os trans-humanistas e os tecnofuturistas também são seguidores desse credo. Todos promovem o projeto de expulsar o mistério da mente.

O problema desse projeto é que ele tem como efeito confinar a mente em si mesma. Em um mundo no qual nada existe que não possa ser explicado, tudo que acontece se encaixa em um esquema oculto. No gnosticismo, o mundo é o brinquedo de um demiurgo. Para os teóricos da conspiração, a história é escrita por ações ocultas. Para os racionalistas seculares, o esclarecimento é comprometido pelas forças sinistras da superstição e da reação. Temos aqui um padrão: na tentativa de exorcizar o mistério da mente, o indivíduo acaba — como Philip K. Dick — preso em um universo paranoico e possuído por demônios.

Depois de aparentemente aniquilado pelo cristianismo, o gnosticismo conquistou o mundo. A crença no poder libertador do conhecimento tornou-se a ilusão dominante da humanidade moderna. A maioria quer acreditar que algum tipo de explicação ou compreensão vai libertá-los de seus conflitos. Mas estar dividido em relação a si mesmo tem a ver com ser autoconsciente. É a verdade no mito do Gênesis: a Queda não é um acontecimento no início da história, mas a condição intrínseca dos seres autoconscientes.

Só criaturas falhas e ignorantes como os seres humanos podem ser livres da maneira como os seres humanos são livres. Não sabemos como a matéria sonhou nosso mundo para criá-lo; não sabemos o que acontece, se é que acontece, quando o sonho acaba e nós morremos. Ansiamos por um tipo de conhecimento que nos tornasse diferentes do que somos — embora não saibamos dizer o que gostaríamos de ser. Por que tentar fugir de si mesmo? Aceitar o fato do não saber possibilita uma liberdade interna muito diferente da perseguida pelos gnósticos. Quem dispõe dessa capacidade negativa não desejará um modo superior de consciência; sua mente comum vai lhe proporcionar tudo de que precisa. Em vez de tentar impor sentido à própria vida, o indivíduo se limitará a permitir que o significado venha e vá. Em vez de sonhar em se tornar um fantoche resoluto, vai se render à confusão da escolha e abrir caminho no vacilante mundo humano. Über-marionetes não precisam esperar poder voar para ser livres. Sem expectativa de ascender ao céu, podem encontrar liberdade caindo na terra.[6]

Agradecimentos

Fui excepcionalmente feliz na ajuda que recebi para escrever este livro. Simon Winder, meu editor na Penguin, é tudo que um editor deve ser, e mais ainda; seus comentários enriqueceram incomensuravelmente o livro. Eric Chinsky, meu editor na Farrar, Strausz & Giroux nos EUA, deu imenso apoio e estímulo a mim e ao livro. Meu amigo Adam Phillips contribuiu com conselhos inestimáveis, que ajudaram a dar ao livro a forma que eu vagamente tinha em mente. Minha agente Tracy Bohan deu-me tudo que um escritor poderia desejar; durante a gestação do livro, mostrou invariável apoio e estímulo. Sua colega Catrin Evans, da Wylie Agency, cuidou de mim quando Tracy esteve em licença-maternidade, em uma conclusão suave e livre de problemas para o livro.

As ideias constantes do livro foram estimuladas por conversas com algumas pessoas. Entre elas, gostaria de agradecer a Bryan Appleyard, Bas Heijne, David Herman, Gerard Lemos, David Rieff, Paul Schütze, Will Self, John Simenon, Geoffrey Smith e Nassim Taleb.

Usei os versos do poema "The Refusal", de R. S. Thomas, como epígrafe do Capítulo 2 com autorização da Bloodaxe Books e do Espólio de R. S. Thomas.

Como nem sempre aceitei as recomendações feitas, é importante notar que a responsabilidade pelo livro é minha. O mesmo se aplica ao uso que fiz dos autores e livros citados.

Como sempre, minha maior dívida é com minha mulher, Mieko.

John Gray

Notas

EPÍGRAFES

1. Heinrich von Kleist, "The Puppet Theatre", *Selected Writings*, David Constantine (ed. e trad.), Indianapolis/Cambridge, Hackett Publishing, 2004, 416.
2. Philip K. Dick, *The Three Stigmata of Palmer Eldritch*, Londres, Gollancz, 2003, epígrafe.

1. A FÉ DOS FANTOCHES

1. J. L. Borges, "A Defense of Basilides the False", *The Total Library*, Londres, Penguin Books, 2001, 68.
2. Heinrich von Kleist, "The Puppet Theatre", *Selected Writings*, ed. e trad. David Constantine, Indianapolis/Cambridge, Hackett Publishing, 2004, 411-16.
3. Examino a influência do pensamento gnóstico na política moderna em *Black Mass: Apocalyptic Religion and the Death of Utopia*, Londres, Penguin Books, 2007, 15-16, 95-6.
4. Lawrence Durrell, *The Avignon Quintet*, Londres, Faber & Faber, 2004, 134-5.
5. Sobre Bernal e este trecho do livro, ver Philip Ball, *Unnatural: The Heretical Idea of Making People*, Londres, Bodley Head, 2011, 171-2.
6. Ray Kurzweil, *The Singularity is Near: When Humans Transcend Biology*, Londres, Penguin Books, 2005.
7. O melhor balanço do gnosticismo é o de Hans Jonas, *The Gnostic Religion: The Message of the Alien God and the Beginnings of Christianity*, 2ª ed, Boston,

Beacon Press, 1963. Ver também Giovanni Filoramo, *A History of Gnosticism*, trad. Anthony Alcock, Cambridge, Mass. e Oxford, Blackwell, 1992.
8. Para uma análise esclarecedora da ideia do mal na religião ocidental, ver Yuri Stoyanov, *The Other God: Dualist Religions from Antiquity to the Cathar Heresy*, New Haven e Londres, Yale University Press, 2000.
9. Sobre estas citações, ver Stoyanov, *The Other God*, 2.
10. Ibid., 33.
11. Bruno Schulz, *The Street of Crocodiles and Other Stories*, trad. Celina Wieniewska, Londres, Penguin Books, 2008, 31.
12. Ibid., 33.
13. Ibid., 35.
14. Ibid., 33.
15. Ibid., 32.
16. Schulz, "The Mythicization of Reality", citado por David A. Goldfarb, Introdução a ibid., xv.
17. *Zibaldone: The Notebooks of Leopardi*, ed. Michael Caesar e Franco D'Intino, Londres, Penguin Books, 2013, 1819.
18. Ibid., 207.
19. Ibid., 23-4.
20. Ibid., 1913.
21. Ibid., 248.
22. Analiso os motivos pelos quais Freud negava que o cristianismo fosse um avanço em relação ao judaísmo em *The Silence of Animals: On Progress and Other Modern Myths*, Londres, Penguin Books, 2013, 103.
23. *Zibaldone*, 80.
24. Ibid., 285.
25. Ibid., 876.
26. Giacomo Leopardi, *The Canti, with a Selection of his Prose*, trad. J. G. Nichols, Manchester, Carcanet, 1998, 53.
27. Ibid., 101-2.
28. *Zibaldone*, 2059.
29. Ibid., 1997-8.
30. Leopardi, *The Canti*, 139.
31. *The Short Fiction of Edgar Allan Poe*, ed. Stuart Levine e Susan Levine, Urbana e Chicago, University of Illinois Press, 1990, 79.

NOTAS

32. Joseph Glanvill, *Scepsis Scientifica*, citado em H. Stanley Redgrove e I. M. L. Redgrove, *Joseph Glanvill and Psychical Research in the Seventeenth Century*, Londres, William Rider, 1921, 32-3.
33. *Short Fiction*, 40.
34. Ibid., 10-11.
35. Peter Ackroyd, *Poe: A Life Cut Short*, Londres, Vintage Books, 2009, p. 159.
36. Jorge Luis Borges, "When Fiction Lives in Fiction", *The Total Library*, 162.
37. J. L. Borges, "The Circular Ruins", *Fictions*, Londres, Penguin Books, 1970, 73.
38. Ibid., 74.
39. Ibid., 77.
40. Stanislav Lem, *Solaris, The Chain of Chance, A Perfect Vacuum*, Londres, Penguin Books, 1985, 75-6.
41. Ibid., 194-5.
42. Philip K. Dick, *The Shifting Realities of Philip K. Dick: Selected Literary and Philosophical Writings*, ed. e introdução de Lawrence Sutin, Nova York, Vintage Books, 1995, 294.
43. Ibid., 216.
44. Lawrence Sutin, *Divine Invasions: A Life of Philip K. Dick*, Londres, Gollancz, 2006, 14.
45. Ibid., 127.
46. Ibid., 128.
47. Para um relato detalhado do colapso mental de Dick, ver ibid., 210.
48. *The Exegesis of Philip K. Dick*, ed. Pamela Jackson e Jonathan Lethem, Londres, Gollancz, 2011, 895.
49. Dick, *Shifting Realities*, 284.
50. Ibid., 214.
51. Citado in Sutin, *Divine Invasions*, 229.
52. Ibid., 266.
53. *Exegesis*, 423-4.
54. Sutin, *Divine Invasions*, 283.
55. Arkady e Boris Strugatsky, *Roadside Picnic*, trad. Olena Bormashenko, Londres, Gollancz, 2012, 131-2.
56. Ibid., 196-7.
57. Ibid., 128.
58. T. F. Powys, *Unclay*, Sherborne, Sundial Press, 2011, 275.
59. Theodore Francis Powys, *Soliloquies of a Hermit*, Londres, Village Press, 1975, 1.

60. T. F. Powys, *Mr Weston's Good Wine*, Londres, Penguin Bootks, 1937, 26.
61. Ibid. 173-5.
62. Ibid., 239.
63. T. F. Powys, *The Only Penitent*, Londres, Chatto & Windus, 1931, 56-7.
64. Powys, *Soliloquies of a Hermit*, 90.

2. NO TEATRO DE MARIONETES

1. R. S. Thomas, "The Refusal", *Selected Poems*, Londres, Penguin Books, 2004, 247.
2. Inga Clendinnen, *Aztecs: An Interpretation*, Cambridge, Cambridge University Press, 1991, 141.
3. Clendinnen, *Aztecs*, 2.
4. Ibid., 16.
5. Ibid., 53-4.
6. Ver *Flower and Song: Poems of the Aztec Peoples*, trad. e ed. Edward Kissam e Michael Schmidt, Londres, Anvil Press Poetry, 2009, 97-116.
7. Clendinnen, *Aztecs*, 88.
8. Thomas Hobbes, *Leviathan*, Londres, J. M. Dent, 1914, 66, 64-5.
9. "Tezcatlipoca's Song", em *Flower and Song*, 94.
10. Clendinnen, *Aztecs*, 80.
11. Ibid., 3.
12. Ibid., 88.
13. Ibid., 95.
14. Ibid., 261.
15. Ibid., 262-3.
16. Hobbes, *Leviathan*, 20.
17. Clendinnen, *Aztecs*, 17.
18. Ver Steven Pinker, *The Better Angels of our Nature: Why Violence has Declined*, Londres, Penguin Books, 2012.
19. Para uma avaliação crítica do uso das estatísticas sobre campos de batalha por parte de Pinker, ver John Arquilla, "The Big Kill", *Foreign Policy*, 3 de dezembro de 2012. Para uma crítica metodológica do emprego de estatísticas em Pinker, ver Nassim Taleb, "The Pinker Problem", página na internet de Nassim Nicholas Taleb, www.fooledbyrandomness.com.
20. Ver Edward Wilson, "Thank you, Vasili Arkhipov, the man who stopped nuclear war", *Guardian*, 27 de outubro de 2012.
21. Frances Yates, *The Rosicrucian Enlightenment*, Londres, Routledge, 2008, xiii.

22. Benjamin Woolley, *The Queen's Conjuror: The Life and Magic of Dr. Dee*, Londres, Flamingo, 2002, 328.
23. Norbert Wiener, *The Human Use of Human Beings*, 2ª ed, Nova York, Doubleday, 1954, 34-5. Esse trecho de Wiener é citado em Philip Mirowski, *Machine Dreams: Economics Becomes a Cyborg Science*, Cambridge, Cambridge University Press, 2002, 55-6.
24. Norbert Wiener, *God and Golem, Inc.: A Comment on Certain Points Where Cybernetics Impinges on Religion*, Cambridge, Mass., MIT Press, 1964, 29.
25. Citado in Mirowski, *Machine Dreams*, 149.
26. John von Neumann, *The Computer and the Brain*, New Haven e Londres, Yale University Press, 2012, Prefácio de Ray Kurzweil, xi-xii. Kurzweil desenvolveu seus pontos de vista em *How to Create a Mind: The Secret of Human Thought Revealed*, Londres, Duckworth, 2014. Examinei seus pontos de vista, indicando que expressam um tipo de gnosticismo moderno, em *The Immortalization Commission: The Strange Quest to Defeat Death*, Londres, Penguin Books, 2012, 217-18.
27. Mirowski, *Machine Dreams*, 167.
28. Ibid., 19.
29. Ellen Ullman, citada em ibid., 232.
30. Para um esclarecedor relato das realizações de Turing e de sua vida trágica, ver Andrew Hodges, *Alan Turing: The Enigma*, Londres, Vintage Books, 1992.
31. Ver Nadia Khomani, "2029: the year when computers will outsmart their makers", *Guardian*, 22 de fevereiro de 2014, contendo uma entrevista em que Kurzweil faz essas previsões.
32. Leonard C. Lewin, *Report from Iron Mountain: On the Possibility and Desirability of Peace*, Nova York, Free Press, 1996, 93.
33. Ibid., 56-7.
34. Ibid., 105.
35. Lewin (1916-99) também foi autor de *Triage*, Nova York, Warner Communications, 1973, romance distópico sobre programas governamentais secretos para eliminar grupos considerados socialmente inadequados.
36. Guy Debord, *Comments on the Society of the Spectacle*, trad. Malcolm Imrie, Londres, Verso, 1990, 10-11.
37. Para uma referência ao discípulo de Debord que trabalhava para Berlusconi, ver Andrew Hussey, "From Being to Nothingness", *Independent*, 10 de dezembro de 1995.

38. Debord, *Comments on the Society of the Spectacle*, 11-12.
39. Andrew Gallix, "The resurrection of Guy Debord", *Guardian*, 18 de março de 2009.
40. Debord, *Comments on the Society of the Spectacle*, 52.
41. Tratei do advento do Estado da vigilância em meu livro *Al Qaeda and What It Means to be Modern*, Londres, Faber & Faber, 2003, 83-4.
42. Leonardo Sciascia, *The Moro Affair*, Londres, Granta Books, 2002, 24-5.
43. Philip Willan, *Puppetmasters: The Political Use of Terrorism in Italy*, San José, Nova York, Lincoln e Xangai, Authors Choice Press, 2002, 156-7.
44. Gianfranco Sanguinetti, *On Terrorism and the State: The Theory and Practice of Terrorism Divulged for the First Time*, Londres, B. M. Chronos, 1982, 59.
45. Para uma análise dos pontos de vista e das mudanças de direção de Sanguinetti, ver ibid., prefácio da edição inglesa por Lucy Forsyth, 10-11, e Andrew Hussey, *The Game of War: The Life and Death of Guy Debord*, Londres, Pimlico, 2001, 310-21.
46. Norman Cohn, *Warrant for Genocide: The Myth of the Jewish World Conspiracy and the Protocols of the Elders of Zion*, Londres, Serif, 1996, 117.
47. Richard H. Popkin, *The Second Oswald*, Raleigh, NC, C&M Online Media, 2006, 87-9.
48. Ibid., 89.
49. E. M. Forster, "The Machine Stops", em *Selected Stories*, ed., introdução e notas de David Leavitt e Mark Mitchell, Londres, Penguin Books, 2001, 121.
50. Ibid., 94, 98, 100, 101, 104, 116, 120, 121.
51. James Lovelock, *A Rough Ride to the Future*, Londres, Allen Lane, 2014, 150-1.
52. Ibid., 161.

3. LIBERDADE PARA AS ÜBER-MARIONETES

1. Charles Baudelaire, "The Philosophy of Toys", em *On Dolls*, ed. Kenneth Gross, Londres, Notting Hill Editions, 2013, 17.
2. Samuel Butler, "The Book of the Machines", *Erewhon*, ed. e introdução por Peter Mudford, Londres, Penguin Books, 1985, p. 199.
3. Sobre a crença de Sócrates em oráculos e sonhos no contexto do antigo xamanismo grego, ver E. R. Dodds, *The Greeks and the Irrational*, Berkeley e Londres, University of California Press, 1951, 184-5. Analisei a dívida de Sócrates com o xamanismo em *Straw Dogs: Thoughts on Humans and Other Animals*, Londres, Granta Books, 2003, 25-6.

4. A respeito de Nietzsche sobre Sócrates, ver Friedrich Nietzsche, *The Birth of Tragedy*, trad. Shaun Whiteside, Londres, Penguin Books, 2003, 64-75.
5. John Williams, *Augustus*, Vintage Books, Londres, 2003, 310.
6. Heinrich von Kleist, "The Puppet Theatre", *Selected Writings*, ed. e trad. David Constantine, Indianapolis/Cambridge, Hackett Publishing, 2004, 414.

Este livro foi composto na tipografia Minion
Pro, em corpo 11/15, e impresso em
papel off-white no Sistema Cameron da
Divisão Gráfica da Distribuidora Record.